별일 없어 고마워요

박명애 산문집

별일 없어 고마워요

2017년 11월 15일 초판 1쇄 발행

지은이 박명애
펴낸이 윤영진
편 집 함순례
그 림 김유진
펴낸곳 도서출판 심지
등록 제 253호
주소 34623 대전광역시 동구 대전로 867번길 46
전화 042 635 9942
팩스 042 635 9941
전자우편 simji42@hanmail.net

ISBN 978-89-6627-145-0 03810

* 이 책은 충북문화재단 2017 충북문화예술육성지원사업에 선정되어 발간비 일부를 지원 받았습니다

* 이 도서의 국립중앙도서관 출판예정도서목록(CIP)은 서지정보유통지원시스템 홈페이지(http://seoji.nl.go.kr)와 국가자료공동목록시스템(http://www.nl.go.kr/kolisnet)에서 이용하실 수 있습니다.(CIP제어번호: CIP2017029339)

별일 없어 고마워요

박명애 산문집

프롤로그

바람이 분다.

플라워카페 테라스에 드라세나 잎들이 살랑거린다.

유리창에 비친 전등불이 소나무 가지에 달처럼 걸려있다. 카페 안은 느리게 흐르는 재즈 리듬을 타고 천천히 푸른 이내 스미는 저녁으로 미끄러져간다.

오래 느린 시간 속에서 살았다. 아니 그냥 견디었다는 표현이 맞을 지도 모르겠다. 그해 사월은 평범하게 흘러가던 나의 삶에도 깊은 그늘을 드리웠다. 일상 사이 불쑥불쑥 눈물이 끼어들었고 아이들과의 만남이 고통스러웠다.

골목까지 스며든 촛불이 밝힌 세상에서 비로소 돌아본 나의 일상은 느리고 적요하다.

그래도 호수에 이는 잔물결처럼 시간의 결마다 비 내리고 바람 불고 햇살 따스했다. 그리고 곁에 그대가 있었다. 덕분에 희망을 그린다.

오랜 지기들 응원에 용기 내 충청타임즈에 기고했던 글을 모아 첫 산문집을 엮는다. 스치듯 그린 마음의 결을 보이려니 쑥스럽기 그지없다. 등 두드려 준 모든 이에게 감사하다.

커피 향이 그윽하다.

어제 같은 하루가 또 저문다.

정유년 시월

박명애

차례

프롤로그 004

그대

인연 013

지금 즉시 018

오랜 지기 022

별일 없어 고마워요 025

함께 걷는다는 건 028

그리움 앞에서 032

'겁나게' 그 말 037

가끔은 041

봄날의 선물 044

늦기전에 048

어린 열대어를 묻다 051

햇살 아래서

즐거운 오독誤讀 057
답청踏靑을 기다리며 060
등 뒤의 사람 063
오월의 문 앞에서 066
절정 070
달팽이 074
단비 078
웃는 나무 081
그럼에도 불구하고 085
스며들다 088
다시 오월에 091

바람

이별 잔치 097
바람에 빚지다 100
길 위에서 104

우리 색을 만나다 109
구월에는 112
삶의 지문 115
잃어버린 말을 위하여 건배 120
부드러운 바람, 無題 124
숨비소리 128
그곳에 서면 131
완전한 영역 136
가을을 앓다 141

흐르는 물처럼

깊은 강 147
역사 그리고 기억 151
우리는 155
가게를 이전 했습니다 159
빨간 립스틱 163
구름에 가린 달 166

삐뚜름한 모델 170
치유 173
다시 열다 176
서스펜디드 차車는 안 되나요 180

담담하고 은은하게

사랑이면 족한 것을 185
느린 오후 189
완성으로 가는 시간 193
물끄러미 196
길 199
십이월이면 203
사이를 가불하다 207
희망사항 210
유쾌한 수다 214
비를 긋다 218
침묵의 아름다움 221

그대

인연

비가 추적추적 내린다. 와이퍼가 빗물을 쓸어내릴 때마다 눈으로 들어오는 들녘 풍경이 고요하다. 추수 끝난 들에는 드문드문 무리지어 핀 감국들이 떠나는 가을을 잡고 있다. 꽃빛이 해사하다. 차가 산모롱이를 돌아갈 때마다 옆 사람 무게가 고스란히 쏠리며 옆구리가 따스해온다. 일 년에 두어 번 보는 사이니 안다고도 모른다고도 할 수 없는 인연인지라 건너오는 온기가 조금쯤은 쑥스럽다. 예기치 않은 일정이다.

아쉽게 끝난 독서 토론의 여운이 이어지는 자리. 독서동아리 회원 중 꽃차와 자연 발효 식품 만드는데 일가견 있는 분이 즉석 초대를 하셨다. 꼬불꼬불 시골길을 돌아 도착한 집. 검은 깃털 간간히 섞인 토종닭 한 마리가 종종걸음으로 다가와 인사를 한다. 빛바랜 꽃잎들이 젖으며 조락해가는 뜰은 조금쯤 쓸쓸해 숨어 피는 새 꽃이 오히려 생경하다.

뒤곁 작은 토방에 둘러 앉아 차를 마신다. 급작스런 초대의 빌미를 제공한 목련차다. 딱 한번 목련차를 만든 적이 있다. 등불처럼 봄을 켠 봉오리를 따는 것이 미안해 꽃차는 포기했지만 향은 잊을 수 없다 했더니 주인장이 비도 오는데 그 목련차 한잔 대접하겠다고 나섰다. 깊어가는 가을 빗소리 사분사분 들리는 방에 앉아 지나간 봄을 마신다. 정성스레 덖어 말린 목련꽃 봉오리는 치자 빛이다. 노란 찻물이 따뜻하게 몸 안으로 스며든다. 입안으로 퍼지는 향이 박하처럼 상큼하다.

옆 사람들을 슬쩍 건너다본다. 발그레한 볼들이 예쁘다. 오랜 벗 같다. 차 마시는 모습을 흐뭇한 눈길로 바라보는 주인장. 자연이 준 선물인지 맑은 피부에 온화함이 가득하다. 차 한 잔의 인연이 어디서 왔을까.

정현종 시「방문객」한 구절이 가슴에서 살아난다.

사람이 온다는 건/ 실은 어마어마한 일이다./ 그는/ 그의 과거와/ 현재와/ 그리고/ 그의 미래와 함께 오기 때문이다./ 한 사람의 일생이 오기 때문이다./ 부서지기 쉬운/ 그래서 부서지기도 했을/ 마음이 오는 것이다. — 그 갈피를/ 아마 바람은 더듬어볼수 있을/ 마음,/ 내 마음이 그런 바람을 흉내낸다면/ 필경 환대가 될 것이다.

— 정현종 시「방문객」

시를 낭송하며 한 사람이 온다는 건 그의 과거와 현재와 미래가 함께 오는 거라는, 한 사람의 일생이 오는 일이라는 구절에 가슴 뭉클했었다. 마주 앉은 인연들을 가만히 바라본다. 다하지 못한 책 이야기 끝 자연스레 풀어지는 삶의 단편들, 오랜 지기인 듯 경계 없이 솔직한 속내를 드러내곤 가볍게 웃는다. 마음 시끄럽게 하는 이야기들에는 다른 듯하나 비슷비슷한 상처들이 존재한다. 인간으로서 어쩔 수 없이 고민하게 되는 실존 문제로부터 요즘 사회문제까지. 끝없는 수다에 다섯 사람의 과거와 현재와 미래가 만나 하모니를 이룬다. 이런 시간이 참 좋다. 멘토로 참여한 덕에 맺을 수 있는 인연이다.

올해 만난 인연 중 인상 깊은 책 벗들은 평균나이 육십이 넘는다. 인문학 강의를 함께 들은 인연으로 맺어진 동아리인데 참 재미있다. 장날 술 한잔 얼근하게 걸치고 시작시간 삼십분쯤 지난 뒤 참석해도 환영받는 자리. 카톡으로 투덜투덜 보낸 서평은 솔직하면서도 웃음 짓게 한다. 읽는 책들은 주로 마음공부에 관한 도서들이다. 건강하게 아름답게 나이 들어가는 공부를 한다. 겉으로는 느슨하고 여유로운 듯 보이나 속내를 들여다보면 깐깐하고 철저한 독서를 한다. 저마다 삶의 내공이 만만치 않다. 만날 때마다 이렇게 나이 들고 싶다는 꿈을 꾸게 만든다.

내게도 책읽기는 이렇게 흘러가야 하지 않을까 생각한다. 예전엔 지식을 탐하느라 오만했다면 다양한 독서동아리를 만나는 요즘엔 함께 느낌을 나누는 인연들이 소중하게 다가온다. 한 생애가 흘러가는 길 짧으나마 한 부분 책을 매개로 공유한다는 건 대단한 일이다. 책에 대한 날카로운 분석도 하고, 어느 한 문장에 감동하여 오랜 시간 묻어두었던 기억을 회상하기도 하고, 가끔은 한 목소리로 어쩌지 못하는 불합리한 시대에 대해 울분을 토로하는 자리. 세련되지 않으나 소탈하면서도 따뜻한 만남이 좋다. 덕분에 세태에 물들어 허물어지는 빈 마음자리를 발견하고 단단히 여미게 된다. 그래서 어설프나마 크게 흔들리지 않고 내 길 갈 수 있는 힘을 얻는다. 지식의 잣대로 상대를 가늠하기보다 함께 아파하고 위로하며 변화하고 발전하는 책 벗들을 지켜보는데 독서의 멋이 있다. 이렇게 책을 통한 만남으로 얻는 지식과 정보들은 각자의 삶으로 스며들며 나름대로 의식의 변화를 가져 오리라 믿는다. 그런 변화들은 보이지 않는 힘으로 개인의 삶과 사회에 영향을 미치며 현재보다 더 나은 미래를 만드는 단단한 기초가 될 것이다. 조금 더 큰 꿈을 꾼다면 편안하고 자유로운 책읽기에서 한 걸음 더 나아가 목소리 낼 수 있도록 책임감 갖고 참여하려는 노력이 필요하지 않을까 싶다.

어느새 말간 유리 주전자 속에서 연보랏빛 구절초 꽃잎들이 피고 있다. 도라지 꽃차로 여름을 건너 이제 가을까지. 찻잔에도 계절이 흐른다. 찻잔의 온기 따라 건너오는 마음과 마음 사이 은은한 향이 스며든다. 함께 모임하자는 제안에 그저 웃는다. 이렇듯 다정하다 돌아서면 각자 삶에 충실한 채 잊고 살아도 섭섭하지 않은 사이. 아무것도 기대하지 않으나 언제든 만나면 반갑고 좋은 인연이 책 벗 아닐까 싶다. 올해는 유난히 분주했다. 덕분에 쫓기듯 살긴 했지만 오는 마음 더듬으려 노력했던 시간들에 감사한다. 구절초 향을 음미하며 기억의 갈피마다 예쁘게 끼워놓은 고마운 인연들을 추억한다. 시대는 어지러운데 책 벗들과 가을에 취해버린 나의 무기력함에 대하여 잠시 흔들리는 오늘. 그럼에도 불구하고. 가장 좋아하는 십일월이 아닌가.

가만히 창을 여니 어느새 비는 그치고 비거스렁이로 바람은 차다. 밀려드는 습한 바람 속 실려 온 낙엽 내음이 참 좋다.

지금 즉시

늦은 밤. 잠이 오지 않는다.

작은 그림 한 장을 들여다본다. 인상파 화가로 알려진 프레드릭 차일드 하삼(Frederick Childe Hassam)의 〈비 내리는 자정〉.

낮에 일 있어 대전 갔다가 미국미술 전시회에 들러 사온 그림엽서다.

부슬부슬 비 내리는 거리는 푸른 안개에 몽롱하게 갇혀 있다. 흥건하게 젖은 밤. 길게 누운 가로등 불빛만이 가물거리는 길엔 마차 한대가 뒷모습을 보이며 달려간다. 고요한 자정의 거리는 쓸쓸하면서도 아득한 그리움을 담은 듯하다. 마차는 어디로 가는 걸까? 실존의 의미를 찾아 고뇌하던 하삼의 의식세계를 보여주듯 마차 안은 어둠이 깊어 보이지 않는다. 마차 안 손님을 상상하다 내가 손님이 되어 깊은 심연에 잠긴 채 헤매기도 하다 떠난 친구를 생각한다.

'왜 걸을까?'

홀로 국토를 종단하는 누군가의 외로운 걸음에 힘을 보태려 동행길에 나섰던 친구가 자신에게 던진 마지막 질문이다. 어두운 빗길 걸으며 무슨 생각을 했을까?

도시를 내려다본다. 자정이 넘은 시간 도시는 그림처럼 축축하게 젖어 있다. 희미하게 지워진 사물들 사이 가로등만 선명하게 길을 밝히고 있다. 마치 이정표처럼.

친구는 흔들리는 삶들을 잡아주던 '동기부여' 강사였다. 건강하다면 지금 즉시 나를 찾아 떠나는 여정을 시작하라던, 그래서 닉네임도 '지금 즉시' 였던 그.

허무하고 기막힌 삶 앞에서 윤동주의 「흐르는 길」이 떠오른다.

> 으스럼히 안개가 흐른다. 거리가 흘러간다. 저 電車, 自動車, 모든 바퀴가 어디로 흘리워 가는 것일까? 碇泊할 아무 港口도 없이, 가련한 많은 사람들을 싣고서, 안개 속에 잠긴 거리는,
>
> 거리 모퉁이 붉은 포스트 상자를 붓잡고 서슬라면 모든 것이 흐르는 속에 어렴푸시 빛나는 街路燈, 꺼지지 않는 것은 무슨 象徵일까? 사랑하는 동무 朴이여! 그리고 金이여! 자네들은 지금 어디 있는가? 끝없이 안개가 흐르는데,

「새로운 날 아츰 우리 다시 情답게 손목을 잡어보세」 몇字 적어 포스트속에 떠러트리고, 밤을 새워 기다리면 金徽章에 金단추를 삐엿고 巨人처럼 찬란히 나타나는 配達夫, 아츰과 함께 즐거운 來臨,

이 밤을 하욤없이 안개가 흐른다.

— 윤동주 시 「흐르는 거리」

상실의 시대, 희망의 사연을 적어 포스트 상자에 넣고 내일을 기대하던 동주. 약속 없는 기다림은 요원하고 고대하는 배달부는 하염없이 흐르는 안개 속에 보이지 않는다. 그래도 희망이 남아 있다면 물안개 자욱한 밤길도 외롭지 않으리. 친구도 그런 마음으로 빗속을 걸었으리라.

꿋꿋하고 신념 강했던 그의 장례식장에 삼삼오오 모여 앉은 벗들은 말을 아꼈다. 불확실하고 모호하고 고단한 현실에서도 웃음으로 목소리로 희망을 그리던 그. 누구보다도 뜨겁게 살았던 벗이기에 갑작스런 이별은 모두를 공황상태로 몰아넣었다.

까뮈는 '행복이란 그 자체가 긴 인내' 라고 했다. 남은 이들에게 이별은 슬픔이지만 타인과 나란히 빗길 걸으며 어둠을 인내한 그 시간이 친구에겐 행복이었을지도 모른다고 스스로 위로한다. 그리고 그가 떠난 자리에서 비로소 생각한다.

'지금 즉시'

친구를 보내며 살아낼 시간을 계획하는 현실이 잔인하고 아프다. 하지만 친구를 가슴에 묻고 남은 우리는 그리 내일을 기약한다. 그가 남긴 희망메시지들이, 치열하게 살아낸 시간들이 뜻 깊은 의미가 되어 누군가에겐 버팀목이 되어주길 기도한다.

이제 장마가 끝났다는 일기예보다. 작열하는 팔월의 태양은 긴 장마로 상처 입은 자리마다 새살 돋우고 치유하며 삶을 살찌우리라. 이런 저런 핑계로 미뤄두었던 일들을 생각한다. 그것이 사랑이든 자아 찾기든 생소하고 두려운 낯선 도전이든.

그리고 '지금 즉시!'

새벽으로 가는 시간. 지나는 차도 없는지 더 이상 물가름 소리도 들리지 않는다. 식구들이 깰까봐 볼륨을 줄여 올려놓은 음반에서 비가 내린다.

tombe tombe tombe la pauie (La pluie)

오랜 지기

석화가 피었다. 탐스럽게 붉은 꽃잎이 사막의 장미답다. 씨앗으로 파종한 석화는 기부가 둥글하게 자라 아름답지만 우리 집 석화는 꺾꽂이를 해 몸매는 볼품없다. 구부정한 허리가 우스꽝스러울 만큼 서 있는 자태도 위태롭다. 비실거리는 줄기 끝을 딛고 하늘 향해 활짝 열어젖힌 꽃송이가 오히려 해맑다. 겨울 날 이사하면서 얼면 어쩌나, 분갈이를 해 꽃이 피지않으면 어쩌나 은근히 걱정 했는데 기다림에 보답하듯 꽃 피워주니 참으로 고맙고 예쁘다.

한 차례 비 지나간 밤하늘은 맑고 서늘하다. 늦은 밤 희미한 불빛 아래 오랜 지기인 석화를 마주하니 소란스런 삶의 소리들 사이로 청정한 바람 스미는 듯 마음이 고요해진다. 친구를 불러 커피 한잔 하고픈 생각이 굴뚝같은데 열한 시를 넘겼으니 휴대폰만 만지작거리다 만다.

달도 없는 밤. 공연히 베란다를 서성거리는 데 책에서 만났던 달빛 고운 밤풍경이 떠오른다. 한양 수표교에서 펼쳐진 작은 음악회. 신분과 나이의 벽을 넘어 아름다운 우정을 나누었던 간서치看書痴 이덕무. 그의 벗과 스승들. 학문을 교류하고 시대의 아픔을 나누며 풍류를 즐기던 우인들이 빚어낸 아름다운 선율. 진정한 선비의 모습과 오랜 지기에 대한 사랑이 스며있는 이덕무 글을 읽으며 진심으로 마음을 나눈다는 것이 무엇인지 생각한다. 그토록 아끼던 『맹자』를 팔아 양식을 마련하곤 선비로서 부끄러움 감출 수 없던 그를 위해 『좌씨춘추』를 팔아 술 대접하며 맞장구 쳐주던 유득공 걸걸한 목소리도 들리는 듯하다.

내게도 그런 친구들 있을까 새삼 주위를 둘러본다. 그 옛날 이덕무가 벗들과 음악회를 감상했던 수표교가 '디자인 서울' 속에 지워졌듯 요즘은 사람 관계도 많이 달라진 듯하다. 빠르게 변하는 세상만큼이나 인간관계도 변덕스럽다. 한동안 감격하고 열광하다 시간이 흐르면 쉽게 잊는다. 성공한 삶을 꿈꾼다면 인맥관리를 철저히 해야 한다지만 필요에 따라 지속할 만남을 정한다는 사실이 나는 왠지 불편하다. 좋은 사람을 만나도 그 마음 담아둘 뿐 궁금했느니, 보고 싶었다느니 하는 말이 겉치레 같아 그저 몇 마디 웃음으로 넘겨버린다. 그리곤 그네가 내 마음을 읽어줬으면 하고 어리석은 바람을 갖곤 한다. 그러다 소원해지면 까닭 없이 섭섭해 하고 외로움을 탄다.

하지만 그리 가난하지는 않은 것 같다. 먼 타국에서도 잊을 만하면 안부를 물어주는 벗들도 있고, 친구 도리를 게을리 하는 내게 섭섭하기도 하련만 타박 한번 안하고 늘 힘이 되어주는 죽마고우, 선후배들, 이덕무 못지않게 스무 해 이어오는 소중한 책 벗들도 있으니 말이다.

그들에게 나는 어떤 친구일까 돌이켜 생각하니 한편으론 미안하다. 늘 숨 쉬듯 곁에 있는 지기들을 두고 지적 허영을 채워 줄 새로운 인연에 목말라하던 시간이 부끄럽다. 함께 탄식하고 충고하고 손길 내밀던 오랜 지기들의 소중한 노력을 하찮게 여긴 적 없는지 새삼 지난날을 되짚어본다.

이제는 보고 싶었노라 궁금했노라 품고 있는 마음 전하는 연습을 해본다. 살기 위해 뭔가 가치 있는 것이 필요하다면 그 중 하나는 오랜 지기다. 꽃이 피었다고 소소한 일상을 전하며 호들갑 떠는 내게 큰 웃음으로 답을 보내주는 그런 친구.

별일 없어 고마워요

아름다운 시간이다. 촘촘히 혹은 성글게 펼쳐진 가지는 떨켜들이 만들어 내는 맵시로 우아하다. 노을 고운 겨울날이면 나무에선 막막한 외로움이 풀려나온다. 붉은 빛 등지고 담대하게 뻗어 오른 선들은 뜨거움과 우울함이 뒤섞인 뭐라 말할 수 없는 감정들을 불러내며 마음에 틈을 낸다. 그럴 때 누군가 걸어오는 말은 풍선이 된다. 좋은 말도 어려운 말도 듣기 싫은 말도 바람에 한껏 부풀어 가슴에 복잡한 무늬를 그린다.

오늘은 눈이 내린다. 민들레 홀씨처럼 한 점 두 점 나풀거리더니 눈발이 날린다. 느티나무 우듬지 끝 달강달강 맺혔던 물방울들이 바람에 흩어지고 금세 하얀 나무가 되었다. 첫눈 온다고 수선스레 들어오는 메시지가 반갑다. 늘 같은 말로 시작되고 끝나는 엄마 전화도 긴 여운으로 남는 건 날씨 탓일까.

'별일 없냐고. 별일 없다고. 별일 없으면 고마운 거지.'

되새김 해봐도 참 심심한 대화. 그런데 오늘따라 그 말이 따스하다.

가끔은 삶이 지루하다. 처음 스케치와는 달라진 낯선 그림이 돼가지만 돌아보면 고만고만한 삶이다. 다만 나이 들어도 허영으로 꿈틀대는 욕망이 숙제일 뿐. 아지랑이 같이 헛된 것에 매달리고 아는 게 많아질수록 불편함이 배가 되는 게 내 그릇이다 보니 새로운 변화를 꿈꾸며 겪는 갈등이 소소한 것에 감사하던 마음을 잊게 한다.

독서회에서 만나는 책 벗들은 내가 삶에서 흘리고 잃어버린 것들을 찾아주는 고마운 인연들이다. 언제나 그렇듯 뜨겁게 공방전이 오가던 책이야기는 늘 삶으로 돌아와 잠언처럼 끝을 맺는다. 지난주 마무리는 '별 일 없다는 사실에 매사 감사한 줄 모르고 푸념이 많다' 였다. 늘 같은 날들이 지루하다 투덜댔다 호되게 한방 얻어맞은 셈이다. 어떤 상황이냐에 따라 다르지만 평범한 일상에 별 일 없다는 것, 어제와 같은 날들이라는 말은 괜찮다는 말과 통한다.

올해는 유난히 다사다난한 해였다. 나라 안팎으로 어려운 일들, 아픔 나눌 별일들이 참 많았다. 자연 재해도 있지만 특히 안타까운 점은 사람 욕심으로, 부주의로 만든 일들이 끊이지 않아 실망하고 속상했던 기억이다. 정직하지 못한 사람들 비리로 서로에 대한 신뢰는 추락하고 시한폭탄처럼 불안한 시대를 살고 있다. 이런 와중에 내게 별일 없음에 안도하는 삶이 때론 사치 같고 부끄럽기도 하지만 그래도 가슴 한편 감사하다는 생각을 한다. 올해도 어김없이 마무리 해야 하는 십이월은 오고 또 습관처럼 일 년을 정리해야 한다. 별 일 없어 고맙다고 괜찮았다고 말할 수 있는 내년을 기대한다.

전화기에는 또 메시지가 들어온다. 눈이 온다고, 첫눈이라고. 여전히 기다리는 소식은 감감하다. 창밖엔 눈보라가 휘몰아치고 있다. 몸이 좋지 않아 서울 간 벗에게 올 소식을 기다리며 눈 내리는 풍경을 물끄러미 내다본다.

'별일 아니래. 나 괜찮대.'

그랬으면.

함께 걷는다는 건

상당산성에서 새해를 맞는다. 남문 주차장에서 공남문으로 향하는 길, 넓은 잔디 광장엔 나들이 나온 사람들로 붐볐다. 그 곳 한편 매월당 시비가 있다. 상당산성 다녀가며 남긴 유산성遊山城이란 시다. 계유정란 뒤 책을 불사르고 정처 없는 유랑 길에 올랐던 그. 상당산성에서 남긴 감회는 너무 아름다워서 쓸쓸하다.

공남문에서 산마루로 오르는 길 초입은 성가퀴까지 복원하여 성벽의 옛 모습을 잘 갖추고 있다. 한동안 아침 산행을 걸렀더니 짧은 오름길에서도 숨이 가쁘다. 암문 쉼터에서 잠시 숨을 돌린다. 거칠던 숨결이 순해졌다. 귀밑머리 간질이는 솔솔바람에 마른 잎 부스럭거리는 소리가 따라온다. 구국 구국 산비둘기 울음소리, 누군가 질척한 흙길 올라오는 소리도 귀로 모인다. 불규칙한 소리들이 섞이며 리듬을 빚는다. 저절로 좋다는 말이 흘러나온다. 바쁘다는 핑계로 참 많은 것을 잊었다.

성벽을 따라 느린 속도로 걷는다. 야무지게 꼬투리 다문 마른 씨앗주머니들이 햇살에 반짝인다. 꽃 같다. 손끝으로 톡 치니 차르륵 작은 울림이 따라온다. 소곤거리듯 정답다.

서문인 미호문 앞에서는 아이들이 제기를 차고 있다. 웃음이 명랑하다. 이곳 땅 모양은 뛰기 직전 웅크린 호랑이 모습을 닮았다고 한다. 호랑이가 떠나면 땅 기운이 다할까봐 붙잡아두기 위해 목에 해당하는 자리 성문을 세우고 미호문이라 이름 붙였다는 이야기가 전한다. 땅의 생김새와 물, 하늘이 만나 이루는 형상에도 의미를 부여하고 가려가며 삶을 의탁했던 선인들 마음이 겸허하다.

문루에 서니 엷은 연무 속 푸른빛을 띤 도시가 한눈에 들어온다. 반세기 넘는 나의 삶이 그 풍경 안에 녹아있다니 공연히 가슴 뭉클하다. 예기치 않는 사정이 생기지 않는 한 남은 시간도 저 풍경 안에서 갈무리될 터이다.

얼마 전 누군가 물었다. 도시를 떠나고 싶지 않냐고. 오염되지 않은 환경과 사람들을 찾아 그는 몇 나라를 리스트에 올려놓고 이민을 저울질 중이라고 했다. 그가 염두에 둔 나라 중 유일하게 스위스만 기억에 남는다. 나는 그저 웃었던가. 문득 그 말이 떠올라 '청주를 떠나 산다면?' 이란 물음을 내게 던져본다. 글쎄. 가끔 훌쩍 여행을 떠나거나 낯선 도시에서 사계절 살아봐도 좋겠다는 생각은 해 본적 있지만 이곳을 떠나고 싶지는 않았던 듯하다. 워낙 변화를 두려워하고 낯선 것에 쉽게 스며들지 못하는 성품 탓도 있지만 나는 그냥 이 도시가 좋다.

이 도시에는 많은 기억들이 담겨있다. 이제는 들을 수 없지만 아버지가 즐겨 부르시던 유행가가 여전히 바람처럼 환청으로 흐르고, 잠 못 이루며 또박 또박 편지를 쓰던 어린 날의 맑고 투명했던 사랑과 기다림이 있고, 동동걸음으로 투정 부리던 아이들 칭얼거림도, 젊은 날 한때 목마르게 자유를 부르던 시간들도 푸르게 살아 있다.

눈을 가늘게 뜨고 사색에 잠긴 시간. 남편이 옆에서 물병을 건넨다. 내 마음에 이는 잔물결을 그도 읽은 걸까. 평소엔 느긋한 편이면서도 산에만 가면 날다람쥐처럼 숲길로 저만치 달아나버리던 그가 오늘따라 얌전하다. 재촉도 없다. 그저 느긋하게 내 걸음에 맞춰 간격을 유지하고 동행 한다. 피식 웃음이 났다. 오랜 이 도시의 기억엔 그와 함께 그린 그림도 절반이구나, 새삼 지나간 세월의 무게를 느낀다. 모자 아래 귀밑머리 희끗해지도록 큰 탈 없이 곁에 있어줘서 고맙다.

산다는 게 별건가. 이렇게 보폭을 맞춰 함께 가는 게 인생이지 싶다. 예전에는 내 속도에 맞춰주지 않는다고 섭섭해 했다면 올해부턴 섭섭해 하기 전에 먼저 그 속도로 걸어봐야지.

오후 햇살이 점점 따스해진다. 새해에는 좀 더 넉넉한 품으로 주변을 보듬고 살아야겠구나 마음속 다짐을 한다. 구석지고 소외된 마음으로 온화하게 스며드는 햇살 같은 사람이 되어 소박하고 아름다운 기억을 이 도시와 나누고 싶다.

오랜만에 나란히 걷는 길. 참 좋다.

그리움 앞에서

곁바람이 들었나보다. 책도 손에 잡히지 않으니 낮고 애절한 재즈 음반을 골라 걸고는 몽상에 젖는다. 한낮은 아직 삼십 도를 기웃거리는데 때 이른 와인색 블라우스를 꺼내 입는다. 며칠 징검다리 건너듯 내린 비가 가슴에 깊은 가을을 부려놓았다.

허전한 마음 다잡으려 책상 위에 쌓아 둔 책들과 인쇄물을 정리한다. 한여름 땡볕의 위력에도 굴하지 않고 동행한 벗들이다. 두근거리던 문장들, 번개 같은 시구, 사랑에 대한 열광, 망각, 이별, 아직 살아있음에 대한 감사로 나를 성장하게 했던 이야기들, 그리고 그리움 배인 전시 팸플릿.

덕수궁 석조전 앞 붉은 배롱나무처럼 뜨거웠던 〈이중섭 백년의 신화〉. 건강이 나빠지며 의기소침해 있을 때 딸아이가 초대권을 보내줘 나들이 했었다.

이중섭 탄생 100주년을 기념하는 이번 전시는 미국 뉴욕 현대미술관 등 60여 개의 소장처로부터 대여한 작품 200여 점과 개인 소장품, 친필 편지와 작품이 실린 간행물까지 모두 모아 전시하는 기획전이었다. 시공의 흐름을 따라 작품을 배치해 작가의 생애와 시대에 따른 작품 변화를 함께 엿볼 수 있도록 스토리화한 전시 구성이 친절하게 느껴졌다.

그림에 담긴 삶의 궤적을 따라 가다보면 민족 시련기를 살아내야 했던 모질고 고달픈 예술가의 삶이 고스란히 느껴진다. 구상 회고에 의하면 그는 대폿집에서도 부두노동현장에서도 그리고 또 그렸다한다. 캔버스가 없으면 합판에 맨종이 담배종이에, 물감과 붓이 없으면 못이나 연필로. 그래서일까. 그의 그림은 크지도 화려하지도 않지만 간절한 말 같다.

관람객들은 굵은 선과 과감한 터치, 강렬한 색상으로 그려낸 〈소〉 앞에 가장 오래 서 있는 듯했다. 〈흰소〉는 마른 몸이나 옹골찬 골격과 치받으려는 듯 쳐다보는 눈빛, 버티고 선 다리에서 강인한 의지가 느껴진다. 하지만 〈피 흘리는 소〉 눈은 너무 애처로웠다. 일제 강점기 우리 민족을 대변하고 있다는 익숙한 해설이 아니더라도 소는 중섭의 마음에 이는 희망과 분노와 좌절을 보여주는 듯 했다.

나는 낯선 은지화 앞에서 걸음을 떼지 못했다. 박물관 유물처럼 유리진열장 안에 누워있는 은지화들은 몇 점 빼고는 대부분 처음 보는 작품이 많았다. 낙서 같기도 하고 신비롭기도 하고. 유리 너머 조명아래 은박지 질감과 어우러진 선들은 천진한 아이 웃음으로, 꼬물대는 발가락으로, 장난스레 얼굴 맞댄 아버지와 아들의 다정함으로, 때론 부부의 사랑으로 변주되며 가슴 먹먹하게 만들었다. 그러고 보면 그는 거의 모든 작품에 등장하지만 늘 가족과 함께였다. 남편, 아버지처럼 누군가에 의해 부여된 존재로서의 삶만이 의미 있고 행복하다고 느꼈던 걸까?

그런데 애써 유지하던 관람객과 예술가의 경계가 〈너를 숨쉬고〉란 시화 앞에서 허물어지고 말았다. 가쁜 호흡을 하듯 입 벌린 물고기들이 상대의 꼬리나 옆모습을 간절하게 바라보는 그림 뒷면에 중섭이 써 놓은 시는 김용호 시인의 「너를 숨쉬고」였다.

날이 날마다
오가는 길에
너만 있어
숱한 사람들이
오가는 길에
너만이 있어
어항 속
한 마리 운명의

금붕어처럼

너를 숨쉬고

나는 살아 간다

— 김용호 시 「너를 숨쉬고」

유약했던 그는 사랑이 떠난 빈자리에서 쓸쓸한 기다림과 좌절을 이겨내지 못했다. '예술을 한답시고 공밥을 얻어먹고 무슨 대단한 예술가가 될 것처럼 세상을 속였다'고 스스로를 책망했던 그. 죽기 전 그린 절필작품絶筆作品 〈돌아오지 않는 강〉 연작이 〈너를 숨쉬고〉의 금붕어와 오버랩 되어 오래도록 머릿속에서 지워지지 않았다.

어두운 창가에 홀로 앉아 하염없이 누군가를 기다리던 소년은 네 번째 작품에서 기다림에 지친 듯 창가에 엎드린 채 눈을 감고 있다. 그림 속 멀리서 오는 중인 여인은 아내일까 어머니일까. 잠든 듯 평화로운 표정이 더 아릿했던 건 끝내 가족을 만나지 못하고 거식증과 정신 질환으로 시달리다 무연고자로 생을 마친 그의 자화상 같았기 때문이다. 뗏목에 올랐으나 '돌아오지 않는 강'이란 이름이 붙을 정도로 격류 심한 곳을 지나야 하는 운명 앞에 선 영화 〈돌아오지 않는 강〉 켈리 부자처럼 홀로 남은 그에게 세상은 억센 격류였는지도 몰랐다.

전시장 한편, 관람객들에게 지금 떠오르는 그리움에게 편지를 쓰라는 코너가 있었다. 나는 한 줄도 적지 못한 채 빈 종이를 두고 나왔다.

그를 두고 천재, 식민지시대 민족의 정체성과 자아를 회복시킨 화가라고도 하며 한편에선 지나치게 신화 속 인물처럼 과장되었다는 평판도 있지만 우매한 나는 알 수 없었다. 다만 예술과 인생을 타협하지 못하고 순수했던 그의 열정, 그리고 함께하지 못한 미완의 사랑과 쓸쓸함을 읽을 뿐.

팸플릿을 정리하려니 아련히 그가 보고 싶다. 마타리꽃 하늘거리는 구월. 바람에 젖은 마음 따라 배낭을 챙겨볼까. 서귀포 이중섭 거리, 1.5평 작은 방. 작고 초라하지만 짧으나마 중섭의 행복하고 아름다웠던 시간을 품고 있을 그 집. 쓰지 못한 편지를 그 곳에서 쓰고 싶다. 그리움에게로 시작되는.

'겁나게' 그 말

부음을 듣고 서울로 올라가는 길. 차창 밖 풍경은 모든 음이 소거된 듯 활동사진처럼 돌아간다.

지난여름 보고 싶다는 호출에 달려간 병원에서 외삼촌은 어린애처럼 바짓단을 돌돌 말아 올렸다. 당뇨 치료를 위한 투석으로 고생하신데다 심장혈관이식 수술까지 겹쳐 온몸이 바싹 야위었다. 심장으로 통하는 혈관이 막혀 허벅지 혈관을 떼어다 이식했는데 지네처럼 꿰맨 수술자국을 보여주시며 겁나게 무서웠다고. 친정엄마는 그런 동생을 두고 눈물바람 하셨다. 칠순 갓 넘은 동생이 팔순 다 된 누나에게 응석 부리는 모습을 보며 가슴 저릿했는데 그게 내겐 마지막 기억이 되었다.

'생전에 한 번이라도 더 뵈었더라면 ….'

때늦은 후회를 한다.

겁 많고 마음 여린 외삼촌은 늘 '겁나게' 라는 전라도 사투리를 달고 사셨다. 서울시민이 된지 수십 년 흘렀지만 여전히 서울 말투에 수시로 끼어들던 '겁나다' 는 말. 애잔하면서도 따스한 그 말엔 대숲 바람소리 배음으로 흐르던 외갓집 풍경이 그리움처럼 묻어있다.

정읍 외가 뒤뜰은 대숲이었다. 노래하듯 댓잎에서 토도독 튀던 빗방울이 장대비로 굵어지고 대숲이 워석거려 뒤척이던 밤이면 '비도 겁나게 온다' 고 자장가처럼 들려오던 낮은 목소리. 함박눈 밤새 내리고 휘어졌던 대나무가 쌓인 눈 무게를 이기지 못해 패앵 패앵 튕겨 오를 때도 '눈도 겁나게 와야'

이제 '겁나게' 라는 그 말, 외삼촌만의 특이한 억양이 실린 그 말을 더 이상 들을 수 없으리라.

대나무처럼 일어서는 기억 속을 헤매느라 차가 밀리는 줄도 잊었다. 평균속도 삼십 킬로미터로 느리게 흐르는 자동차 행렬 위로 비가 내린다. 와이퍼가 사념을 지우듯 빗물을 쓸어내린다.

장례식장은 먼 곳에서 달려온 이들이 주고받는 안부와 위로의 말들로 가득 고여 있다. 톤이 높기도 낮기도, 빠르기도 느리기도, 부드럽기도 투박하기도 한 말 속엔 스펙트럼을 통과한 빛처럼 고인과 함께 했던 기억들이 스며 있다.

"어찌야쓰까나"

고향에서 올라온 삼촌 어릴 적 동무들이 상주인 외사촌 손을 부여

잡는다.

'어찌야쓰까나' '어찌야쓰까나' 나도 모르게 되뇌다 눈이 젖는다. 여기저기 '겁나게' 라는 말이 둥둥 떠다닌다. 울컥 슬픔이 치밀어 오른다.

제주에서 달려온 작은 이모에게선 제주 바람 냄새가 났다.

"멘도롱할 때 호로록 들이키라."

따끈한 커피를 건네며 어쩔 수 없이 튀어나오는 상냥하고 다정한 사투리가 허망한 마음을 잡아준다. 아이들이 웃었다. 멘도롱이 뭐냐는 듯. 따뜻할 때 마시라는 말이다. 아이들에겐 그저 한번 듣고 잊을 재밌는 사투리겠지만 내겐 오래 삭인 장맛 같은 말이다. 언제까지 저 살가운 인사말을 들을 수 있을까?

팔순을 넘긴지 오래, 관절염으로 고생하느라 걸음도 불편한 이모는 커피를 건네곤 벽에 기대앉으시며 다리를 뻗는다. 무릎이 겁나게 아프다고. 큰이모도, 정읍에서 어린 시절을 보낸 이종 사촌들도 서울말 사이사이 불쑥 불쑥 '겁나게' 가 끼어든다. 각기 다른 빛깔을 가진 '겁나게' . 누구도 외삼촌이 달고 살던 그 소리를 내지 못한다. 빙그레 웃던 얼굴, 장난스런 눈빛, 이제 가면 다시 못 볼 거라고 아이처럼 엄마를 붙잡고 '누나야 하룻밤 더 자고 가라' 던 애절함 묻어 있는 그 말.

사라지는 언어에 대한 가슴 아픈 탐사보고서 『아무도 모르는 사이에 죽다』의 저자 에번스는 '두 주마다 세계 어딘가에서 쇠미해 가는 언어의 마지막 화자가 죽음을 맞는다. 이제 어느 누구도 과거 선조들이 열었던 사색의 길을 걸을 수 없다' 고 말한다. 언어의 사멸은 곧 문화의 소멸이라고 할 수 있다.

노인 한 사람이 죽으면 도서관 하나가 불타는 것과 같다고도 한다. 곱고도 서러운 칠십 생애가 삶의 갈피마다 그려온 시간의 결도 그리 소진되리라.

영정 속 외삼촌은 콧날 오뚝한 중년이다. 초로인생이요 하나씩 무언가를 잃으며 가는 게 우리 삶이라지만 '겁나게' 에 담긴 기억들이 몹시도 그립다.

밖엔 여전히 비 오는지 문상객들의 어깨가 젖어 있다.

가끔은

비가 내린다. 휴대폰을 무음으로 바꾼다. 라디오도 끄고 창가에 앉아 빗방울 차락거리는 소리를 듣는다. 유리창엔 끊임없이 새로 그려지는 빗발 무늬들이 산란하다. 빗방울들은 직선으로 유리를 타고 오르거나 서로를 품고 수직으로 하강하다 흔적 없이 흩어진다. 빗방울에게도 만남과 이별이 있다.

물끄러미 그 흔적들을 바라보려니 얼마 전 시청했던 추모공원의 72시간이 떠오른다. 떠난 이를 추모하고 남은 이들에게 위로를 건네는 공간에서 만난 삶과 죽음을 밀착 취재한 〈다큐멘터리 3일〉.

추모공원에는 늘 망자와 산자의 만남이 있고 떠나는 이와 보내는 이의 이별로 숙연하다. 봉안당 작은 유리방 사진 속엔 눈부시게 아름다운 생전의 시간들이 정지해 있다. 프레임 안에 갇힌 그 시간 앞에서 산자들은 누구나 모노드라마 주인공이 되었다. 고인과 함께 한 추억들을 떠올리며 울고 웃고 끊임없이 말을 걸었다. 직원들은 유가족을 위로하고 챙기면서도 직업상 슬픔을 보이지 않기 위해 담담함을 유지하려 애쓰는 듯 보였다. 오열하는 유가족 뒤에서 그림자처럼 고요하게 움직이는 그들의 표정과 몸짓이 이별에 경건함을 더한다.

사흘 동안 스쳐간 이야기 중엔 큰 딸을 만나기 위해 날마다 추모공원을 찾는 아빠의 사연이 가슴 먹먹했다. 일년 전 교통사고로 떠난 딸을 마음에서 보내지 못한 아빠는 아침 일곱 시면 추모공원에 들어섰다. 그는 딸과 밝은 인사를 나누고 같은 방 고인 이름도 하나하나 부르며 안부를 물었다. 딸과 동갑내기 친구들이었다. 시간이 흐를수록 그리움으로 더욱 선명해지는 딸의 부재가 실감나지 않는 아빠는 추모공원을 나설 때마다 딸에게 문자메시지를 남겼다. 혹시라도 딸이 마음 아파할까 봐 보고 싶다는 심중의 말은 차마 쓰지 못하고 대신 '엄마 아빠 보고 싶으면 꿈속에 놀러오라' 고 보낸다.

아빠가 딸에게 보낸 애절한 메시지는 추모공원 전광판에 한 줄 문장이 되어 흘렀다. 그렇게 추모공원 전광판에는 떠난 이를 그리워하는 메시지들이 실시간으로 올라왔다. 생전에 전하지 못한 마음속 말들이

'보고 싶다♡♡'

'한 번도 말해주지 못해 미안해. 무지무지 사랑한다'

는 기호가 되어 우주를 향해 애틋하게 흐르고 있었다.

"당신은 떠났지만 당신의 기억은 사라지지 않습니다.

떠나버린 당신과 남겨진 나, 우리 이야기는 계속 됩니다"

라는 클로징 멘트가 기억에 남는다.

유족에게 휴대폰 문자는 이승과 저승을 이어주는 그리움의 다리였다. 그 풍경이 애절하면서도 생경하고 낯설다.

사실 요즘은 스마트폰 덕에 대화 기회가 늘어난 듯 보인다. '밴드'나 '카카오스토리'를 통해 소원했던 지인들의 소식을 전해 듣기도 하고 친구들의 근황을 짐작할 수 있어 반갑기도 하다. 그런데 시간이 흐를수록 겉도는 말들의 세계에서 정착하지 못하고 떠다니는 듯 허전함이 늘어간다. 자유롭지 못하다. 상황에 따라 형식적인 대화를 나누고 난 뒤는 늘 쓸쓸하다. 범람하는 말 속에 살면서 오히려 말을 잃어가는 느낌이 드는 건 왜일까. 일상 이야기는 쉽게 주고받으면서도 정작 심중의 말은 잘 꺼내지지 않는다.

추모공원 전광판에 흐르는 이야기들도 대부분 그런 마음들일 게다. 말의 홍수 속에서 정작 해야 할 말들은 침묵하게 되는 것이 스마트폰 탓만은 아니리라.

내리는 비는 멈추고 물방울들이 유리창에 머물러 있다. 미동도 하지 않는다. 정지 상태다. 마주봄이 따스하다. 가끔은 그리 서로를 응시한 채 가슴에 담아 둔 말을 나누는 그런 시간이 필요한 건 아닐까 하는 생각이 든다.

봄날의 선물

삼월 끝자락 친구가 다녀갔다. 삼십여 년 전 공부하는 남편 따라 미국으로 이민 갔는데 한국에 들어올 때마다 꼭 연락을 해온다. 친구 생각을 늘 하면서도 시차에 익숙하지 못해 전화할 때를 놓치곤 하니 그녀에게서 먼저 연락 오는 경우가 태반이다. 그런 내게 섭섭하련만 항상 변함없는 그녀가 고맙다.

원주 사는 동기도 볼 겸 떠난 길 우리는 치악산 자락을 산책했다. 그녀가 사는 곳은 우리나라처럼 아기자기한 산이 없단다. 내가 늘 보고 스치는 산이 그녀에겐 그리움이고 만지고 싶고 걷고 싶은 고향인 셈이다.

물오른 나무들 사이로 하늘은 푸르고 깊게 내려와 있었다.

"정말 봄인가봐. 너무 귀엽다"

마른 풀 사이 납작하게 엎드려 겨울을 보낸 로제트 식물들도 봄볕에 기지개 켜는 오솔길은 한적했다. 좁쌀냉이와 뽀리뱅이, 달맞이꽃 붉은 잎사귀들을 일일이 눈 맞춤하는 친구의 명랑한 감탄사에는 깊은 향수鄕愁가 배어 있다. 애잔한 등 뒤로 까마귀 한 마리 날아와 도랑가에 앉았다. 난데없는 방문에 고요하던 버들강아지가 휘청 일어섰다. 윤기 도는 검은 날개에도 솜털 보송보송한 버들강아지에도 오후 햇살이 파르르 눈부셨다.

풋풋하고 훈훈한 봄 냄새를 한껏 들이마시며 기지개 켜던 친구가 갑자기 쑥스러운 듯 배를 가렸다. 들린 셔츠 속으로 살짝 나온 속살이 뽀얗다. 허리선이 잘록해 원피스가 잘 어울리던 청춘들. 최루탄 가스 배인 혼란한 시대 방황조차도 사치였던 어둠의 터널을 통과해온 젊음들은 어느새 뱃살 부끄러운 나이가 되었다. 한꺼번에 고속으로 나이를 먹은 듯 놀라는 척하다 나잇살 푸념하다 까르륵 웃는데 까마귀가 덩달아 경쾌한 소리로 추임새를 넣었다. 어린 날 두려워했던 까마귀도 봄길에서 만나니 눈빛이 초롱초롱 참 예쁘다.

산모퉁이를 돌자 청량한 바람 속에 향긋한 내음이 묻어왔다. 무채색 풍경을 배경으로 생강나무 꽃들이 피었다. 가지마다 다닥다닥 맺힌 꽃송아리가 등불처럼 온 산을 밝히고 있었다. 휴대폰 카메라로 분주하게 꽃을 담는 친구 얼굴이 생강나무꽃처럼 환했다. 김유정 소설 「동백꽃」을 떠올리며 생강나무 울타리 알싸한 향기 속으로 쓰러지던 점순이에겐 평생 잊을 수 없는 설렘일 거라고 두런두런.

친구는 생강나무처럼 은은하게 그리운 사람으로 살자고 했다. 그녀는 내가 호들갑스럽지 않아 좋단다. 오랜 세월 같은 자리에 같은 마음으로 있어줘 고맙다고. 나는 무심하다 여겨질 만큼 표현이 서툴고 굼뜬 나의 단점을 사랑으로 기억하는 친구가 또 고맙다.

이제 청명. 제대로 봄이 열리는 맑은 사월. 친구는 떠나고 생강나무 향기만 어렴풋이 남았다. 그녀가 선물한 향수를 손목에 살짝 발라보니 달콤한 향이 난다. 덕분에 한동안 향기 나는 사람이 되게 생겼다. 늘 그리운 사람으로 은연한 벗으로 남아야지 생각한다. 고혹적이지도 화려하지도 않은 있는 듯 없는 듯 내면의 향을 가진 그런 사람이어야지.

아쉽게도 일정에 떠밀려 미처 보지 못하고 떠난 선운사 동백과 무심천 만개한 벚꽃 사진 그리고 그녀 마음 닮은 조선 문신 정구의 시 「회연초당」에 마음을 담아 봄날의 선물로 보낸다.

小小山前小小家　자그마한 산 앞에 조그만 집을 지었네
滿園梅鞠逐年加　뜰에 심은 매화 국화 해마다 늘어나고
更教雲水粧如畵　구름과 시냇물이 그림처럼 둘렀으니
擧世生涯我最奢　이 세상에 나의 삶이 사치하기 그지없네

세상이 어지럽고 삶이 고단해도 봄날 있어 새싹 돋듯 살아갈 희망을 품는다. 또 가끔씩 밀린 회포를 나눌 수 있는 선물 같은 벗들이 있어 삶에 생기가 돈다. 아름다운 봄날 그녀에게도 내게도 살아갈 날들이 사람다운 향기 머금는 시간이 되길 꿈꾼다.

늦기전에

새해가 오는 길목인데도 마음은 고요하다. 휴대폰 신호음과 함께 밀려들던 복사된 연하장도 조금 뜸해졌다. 올해는 유난히 설렘도 각오도 없다. 세월호 사건을 비롯해 아직도 해결하지 못한 문제들을 남겨둔 채 새해를 맞는 마음이 아프고 부끄럽다. 그래도 문자로 전해오는 안부인사에는 짧은 글이지만 애정이 담겨 있다. 고마운 마음에 정성껏 답을 하고 언제쯤 한번 마주하고 차라도 할 수 있을까 목소리를 상상하며 일정을 살핀다.

새 다이어리를 여니 사진이 한 장 툭 떨어진다. 중년의 네 여자가 활짝 웃고 있다. 스카프 멋스럽게 날리는 모습 뒤로 장 익는 항아리들이 줄지어 서 있다. 햇살 눈부신 풍경 속에서 잊히던 기억과 함께 온기가 풀려나온다. 나도 모르게 입 꼬리가 올라가며 마음이 푸근해진다. 큰아이 어릴 적 친구 엄마들인데 바쁜 시간을 어렵게 맞춰 나들이 갔다 찍은 사진이다. 송년 모임 날 오랜만에 받아보는 사진이 선물처럼 고마웠고, 더욱 소중한 인연처럼 여겨졌다. 꾸미지 않은 사진이라 더욱 각별한 느낌이 드는지도 모르겠다.

요즘은 휴대폰을 비롯해 카메라 성능이 좋다보니 어딜 가나 누구에게나 사진 찍기는 일상이다. 온전하게 대상을 즐기고 감상하기도 전에 여기저기서 들려오는 플래쉬 소리가 불편할 정도다. 그렇게 찍은 사진들은 풍경도 사람도 기술적으로 완벽한 편집을 거쳐 SNS에 올라온다. 아름답게 왜곡된 이미지로 쓰고 남은 사진들이나 바쁘다는 이유로 미처 정리하지 못한 사진들은 저장 용량만 늘리는 잊혀진 기록이 되고 만다. 내 휴대폰 역시 지우지도 못한 채 '언젠가는' 이라는 생각에 담아놓은 시간들이 무겁게 쌓여있다. 누군가의 휴대폰에 내 모습도 그리 자리를 차지하고 있을 지도 모르겠다.

휴대폰에 저장된 사진을 한 장 한 장 불러낸다. 무의미한 기억들은 지우고 고마운 인연들은 앨범 정리를 한다. 가족들과 다녀온 여행 기록들. 친구들. 풍경들. 좋은 글귀들. 날 것 그대로 담긴 사진을 들여다보며 가끔이지만 함께 만나 밥 먹고 얘기하고 소박하게 보낸 시간들이 참 감사하다. 차 한잔 하며 얼굴 마주 보고 웃는 수다 길이만큼 따뜻해지고 가까워지는 사이가 사람관계인 것 같다. 민낯으로 만나도 좋은, 보정하지 않은 사진과 같은 인연들.

카카오톡으로 날아온 연하장 중

'흐르는 날들이지만

숫자에 따라 새로운 해 새로운 날

삶은 의미를 부여하는 사람의 것'

이란 글귀가 기억에 남는다. 그래도 새해라는 의미가 있어 돌아보고 다시 시작할 수 있는 용기를 얻는다.

남겨둔 지난해 숙제들이 슬그머니 저장함으로 미끄러지지 않도록 줄을 세운다. 그리고 너무 늦기 전에 저장된 기억들을 사진으로 전해주고 안부를 나눠야지.

새해 꼭 해야 할 일들에 하나를 추가한다.

어린 열대어를 묻다

한동안 뜸했던 아침 산행을 나선다. 사실 산행이라기엔 민망한 행보다. 왕복 한 시간 거리인데다 경사도 완만하니 산책이 더 어울리겠다. 며칠 내린 비로 촉촉해진 길은 부드러워 걷기 좋았다. 숲으로 들어가는 길머리 하얀 별꽃이 청초하다. 윤기 도는 나무 이파리마다 햇살이 눈부시다. 혹독했던 겨울 그리고 봄을 지나온 기억들을 푸르게 펼쳐 보이는 나무들 이야기가 가슴 뭉클하다.

내가 사는 집이 내려다보이는 언덕쯤에서 발길을 멈춘다. 나뭇가지로 어린 산초나무 곁을 조심스레 파내고 곱게 접은 조그만 한지 봉투를 묻는다. 작은 몸에 깃들어 있을 먼 열대의 기억이 흙 속에 묻힌다. 나와 함께 했던 시간들이 작은 물고기에겐 어떤 빛깔로 기억될까?

한 달쯤 되었나보다. 지인에게서 구피라는 열대어 몇 마리를 분양 받았다. 첫날엔 어항과 여과기를 사고 다음날엔 예쁜 모래를 샀다. 다음날엔 수초를 샀고 키우는 방법을 찾아 인터넷을 검색했다. 먹이를 하루 네 번 줘야 한다는 의견부터 사흘에 한번 줘야 한다는 의견까지 분분해 어지러웠다. 같은 물고기인데도 사람마다 사랑하는 방법이 그처럼 다양하다니 놀라웠다. 눈 뜨면 구피부터 살피고 밥도 먼저 챙기니 남편이 웃으며 한소리 했다.

"나를 걔들처럼 위하고 생각해줘 봐."

활발한 무리 가운데 꼬리 없는 녀석이 있었다. 늘 수초 아래 얌전하게 떠 있던 그 녀석이 걱정되어 가끔 툭툭 어항을 건드려 보기도 했다. 눈에 보이지 않으면 가슴이 콩닥콩닥했다.

그런데 그 녀석이 떠났다. 수초 사이에 몸을 둥글게 구부린 채 모든 움직임이 멈춰 있었다. 어찌하나 걱정했더니 주변에서 세면대나 변기에 버리란다. 난감했다. 아파트는 참으로 냉담한 공간이라는 생각이 들며 작은 물고기지만 그렇게 정리되는 마지막이 쓸쓸했다. 며칠 전 수업하다 아이들과 수다 떨던 기억이 떠올랐다.

"근데요 선생님. 구피가 죽으면 아무도 안 울어요. 쪼그마니까 아무도 안 슬퍼해요. 아무렇지도 않게 금방 잊어버려요."

한지를 예쁘게 접어 작은 주검을 담았다. 그리곤 몸이 개운치 않아 미루고 있던 산행에 나섰다. 함께 했던 기억들을 떠올리니 날마다 눈맞춤으로 행복했던 시간이 따스하게 풀려나온다. 흙을 다독거리며 내게 와줘서 고맙다고 그리고 지켜주지 못해 미안하다고 마음으로 인사를 했다. 가슴 한구석이 서늘하다. 베란다에서 바라보면 이 언덕이 보이니 늘 기억이 나겠지. 하긴 수많은 사람들 죽음이 외면당하고 쉽게 잊히는 세상인데 관상어 한 마리가 뭐 대수라고 수선을 피냐고 할지도 모르겠다.

삶은 산처럼 무겁고 죽음은 깃털처럼 가볍다는 말도 있지만 요즘 죽음은 너무 가볍다. 누군가 세상을 떠나면 애도하는 시간은 짧고 떠난 이의 삶을 이러쿵저러쿵 평가하느라 분주하다. 그 평가에 따라 가치 있는 죽음이 되기도 하고, 소외된 죽음이 되거나 더러는 자극적이고 선정적인 기사거리로 전락하는 죽음이 되기도 한다.

일본 작가 텐도아라타 소설 『애도하는 사람』은 타인의 죽음을 대하는 방식에 대해 이야기한다. 생면부지인 사람들의 죽음을 애도하기 위해 전국을 떠도는 청년 시즈토. 그는 '애도란 그가 어떻게 살다 갔으며, 누구에게 사랑받고 누구를 사랑했는지, 누가 고인에게 감사를 표하고 또 고인은 누구에게 감사했는지 가슴에 담아두고 기억하는 것' 이라고, 그러기에 모든 죽음은 평등하다고 말한다. 하지만 바쁜 삶을 핑계로 조의금도 손가락 터치 몇 번으로 오가는 요즘 애도는 조금쯤 쓸쓸하다.

청년 시즈토가 행하는 애도는 우베르토 파솔리니의 영화 〈스틸 라이프 Still life〉 주인공 존 메이의 애도와도 통한다. 구청 소속 공무원인 그는 고독사한 사람들 유품을 단서 삼아 생전의 삶을 더듬어가며 인연 있는 지인들을 찾아낸다. 그리곤 어떤 사연으로 얽힌 관계든 지인들을 설득해 고인 장례식에 초대한다. 연고를 찾을 수 없을 땐 그가 유족 대신 추도사를 읽고 장례를 치러준다. 그래서 그에게 맡겨진 고인들은 누구나 진심어린 애도를 받으며 이승을 떠난다. 마지막 가는 길이 외롭지 않다. 사실 구청에서는 홀로 임종한 이들을 무연고로 빨리 정리하길 원하지만 그는 눈총 받으면서도 고인에게 정성을 다한다. 시즈토가 말한 '죽음의 평등'이 존 메이의 애도에서도 실현된다고 볼 수 있다. 나는 어떤 애도를 받을 수 있을까. 결국 어떻게 죽을 것인가는 어떻게 살 것인가와도 통한다. 작은 열대어 죽음이 묵직한 질문을 던지며 삶을 되돌아보게 한다.

애도하고 기억해야 할 죽음이 유난히 많은 오월 그리운 기억이 하나 더해졌다. 기억하는 누군가가 있다면 삶은 계속된다는 말이 위로가 되는 시간. 어린 열대어 기억이 필멸의 삶을 향한 연민을 불러온다.

그런데 산길 내려오며 갑자기 드는 생각.

'물고기를 숲에?'

햇살 아래서

즐거운 오독誤讀

부엌으로 아침햇살이 비껴든다. 그 온기 덕일까? 작은 유리컵에 담아둔 호야 푸른 줄기 마디에 실낱 같은 뿌리가 내렸다. 한동안 꼭꼭 여며두었던 창을 열어본다. 멀리 우암산이 정겹게 다가온다. 참으로 오랜만이다. 잔설 희끗한 풍경을 내다보고 있으려니 한동안 이런 여유도 잊고 살았나 신선하고 새롭다. 한 달 가까이 이어지는 지루한 강추위에 느린 평면 위를 걷는 듯 삶은 적요했다.

도시는 햇살 속에 눈부시다. 채 녹지 않은 눈을 이고 있는 집과 사물, 풍경들이 빛을 발하기 시작한다. 들쑥날쑥한 건물들 사이로 새들이 쇄도하며 날아오른다. 새들의 하얀 날개도 반짝 빛을 반사한다. 햇살에 봄기운 실린 듯 안온한 느낌이 든다.

"뽀드드드—뽀드득"

정겨운 소리가 들린다. 건너편 골목 입구에서 승용차가 회전을 하고 있다. 바퀴가 빙그르 돌자 소리도 따라 돈다. 나도 모르게 입가에 웃음이 번진다. 적당히 습기 머금은 녹녹한 눈만이 내는 소리다. 천천히 눈이 녹는 모양이다. 맘이 설렌다.

덕분에 웅크린 어깨를 펴고 모처럼 전통시장 나들이에 나서본다. 바람은 여전히 매섭게 차다. 종종걸음 하는 행인들 사이 야채장수가 코끝이 빨갛게 언 채 소리 높여 떨이를 외친다. 리어카에 몇 포기 남은 배추는 투명하게 얼어 있다. 리어카 앞에서 서성이던 노인이 배추를 뒤집어본다.

"아유~ 속은 괜찮아요. 겉은 요즘 다 얼지 어떻게 안 얼겠어."

뒤적여 놓은 배추를 가지런히 정리하며 야채장수가 너스레를 떤다. 깊은 눈주름에 고인 웃음이 훈훈하다. 떨어진 이파리 맑게 언 줄기 위에서 귀뚜라미 다리가 햇살에 반짝인다. 잃어버린 몸은 어디로 갔을까. 귀뚜라미는 다리에 귀가 있다지. 작고 가느다란 다리가 기억하고 있을 노래들, 파편이 되어버린 소리 위로 햇살은 미지근히 봄을 부른다.

켜켜이 쌓아놓은 빈 닭장들. 무거운 침묵이 내려앉은 닭집 자물쇠에 붙어있는 잔 깃털이 희망처럼 읽힌다. 닭집 옆 전봇대에는 미처 치우지 못한 눈들이 쌓여있다. 눈 녹은 자리 봄볕 쏟아지면 희망도 피겠지. 쇼윈도에 걸린 스웨터 노란 빛깔이 물처럼 마음으로 스민다.

오독誤讀이면 어떠랴. 아직도 매운바람 창 흔드는 소리 요란한데 혼자서 봄빛을 읽는다. 웅크렸던 마음에 기지개를 켜 본다. 짱짱한 바람 속을 걸으면 마음 맑아진다던 허세는 어디 가고 연인 기다리듯 봄을 기다린다. 마음에는 벌써 샘물처럼 봄빛이 고인다.

답청踏青을 기다리며

오후. 유리창으로 들어오는 햇볕이 따사롭다. 유혹에 끌려 미뤄두었던 수건을 삶아 널고 창을 활짝 연다. 매운바람이 와락 밀려든다. 나도 모르게 움칫 한걸음 물러선다. 코끝이 시려 눈물이 핑 돈다. 바람에 수건을 걸어둔 옷걸이들 툭 툭 부딪는 소리가 리듬을 탄다. 마음을 햇볕에 넌 듯 가볍다.

삼월 뒤에 서면 칼바람 앞에서도 당당해진다. 남녘에서 올라온 눈 소식에도 '봄' 자 붙으니 포근하고, 추위도 예쁜 꽃샘이 붙어 싫어할 수가 없다. 눈 소식 뒤에 따라온 마늘 밭 농부의 손길도 바쁘다. 웃자란 싹들을 비닐 밖으로 꺼낸 뒤 마늘모 주변을 정성스레 토닥여준다. 마치 막둥이 엉덩이 두드리듯 사랑이 담뿍 담겼다. 푸르고 여린 싹들이 바람에 하늘거린다. 말간 연두 빛이 해맑다.

이맘때면 보리도 흙이 들뜨지 않도록 꾹 꾹 다독여주어야 뿌리에 바람이 들지 않는다. 토요일 일과가 끝나면 보리밟기는 학교 행사였다. 교복 입은 채 먼 길을 행군하듯 걸어가면 황량한 들판 가운데서 파릇파릇 보리 싹이 반겼다. 처음엔 푸른 싹을 밟는 일이 미안하고 내키지 않아 살살 걸었던 기억이다. 지나간 자리를 되돌아보면 내 운동화 자국 위로 언제 그랬냐는 듯 보리는 몸을 곧추세웠다. 긴 겨울 뒤 처음 만나는 생경한 초록빛은 희망처럼 마음을 설레게 했다. 친구들과 양손 잡고 긴 보리밭을 밟아 나가며 꿋꿋한 삶을 닮아야지 새 다짐을 했던 것도 같다.

삼월을 경계로 고요하던 마음이 꼬물꼬물 가려워진다. 몸을 단단하게 추스르지 않으면 봄날도 꿈이려니. 이런 저런 검사로 황폐해진 몸을 다독이며 허술한 삶을 다져야 하리. 한동안 멀리했던 뒷동산 걷기를 다시 시작해봐야겠다. 곧 필 생강나무 꽃도 산수유도 진달래도 미리 마중해봐야지. 서울로 떠난 작은아이 흔적, 바람 스며드는 마음자리도 꼭꼭 밟아 단단히 마감을 해야 한다. 보리 밟듯 그리 정성스레 들뜬 삶을 다지고 단단해져야 푸른 들판 걷는 답청踏青을 즐길 수 있으리. 이슬에 젖은 새벽 풀 위를 맨발로 걸어보는 기쁨. 촉촉하고 부드럽게 살갗으로 스며드는 푸름의 기운이 그립다.

햇살의 온기가 천천히 식어갈 무렵 소식을 받는다. 세월호 인양을 호소하며 일인 시위를 하는 후배 모습이 마음 아프다. 몸이 자신 없어 선뜻 함께 하지 못한 일이 내내 나를 부끄럽게 한다. 그래도 이

봄날. 매운바람 속에서 세상을 향해 목소리를 내주는 작은 행동들이 탐욕으로 물든 사회를 다지는 길임을 안다. 감사와 미안함을 마음에 담아둔 채 아무 말도 전하지 못한다. 후배처럼 어디선가 정의를 위해 온몸 다해 살아내는 풀들이 다져놓은 세상. 나도 풀이 되고 싶다.

삼월. 어디선가 천천히 오고 있을 푸른 그날. 맨발로 걸어도 좋을 그 날을 기다리며 몸과 마음을 다독인다.

등 뒤의 사람

저녁 이내가 스며드는 푸른 시간.

아들이 저만치 걸어간다. 양쪽 어깨가 살짝 올라갔다 내려갔다 리듬을 탄다. 콧날이 시큰하다. 나는 발끝에 힘을 준다. 얼룩무늬 군복 속에 감춰진 다부진 등으로 아들은 말한다. 걱정 마시라고. 괜찮다고. 누런 들녘을 건너온 서늘한 바람이 귀밑머리를 간질인다. 등 뒤에서 나는 다하지 못한 말을 바람에 실어 보낸다.

부대 정문이 닫히고 뒷모습 사라진 자리엔 빠른 속도로 땅거미가 내려와 고인다.

"쓰릉 쓰릉, 찌르르, 츠츠"

노래인지 울음인지 가늠할 수 없는 소리들이 어스레함 속으로 흘러든다. 발길이 쉬이 돌아서지 않는다. 시야에서 보이지 않을 때까지 기다리는 그 짧은 시간은 여운처럼 한 장의 사진으로 마음에 새

겨진다

상대가 누구든 그리 오래 뒷모습을 바라보는 동안엔 참 많은 생각이 일어나고 스러진다. 다양한 감정들이 살아나 풀벌레처럼 합창하며 마음에 무늬를 그린다. 자식의 등은 애틋하고 엄마의 등은 쓸쓸하고 애잔하다. 그 등에 대고 가슴속에 아껴둔 말들, 전하지 못한 기도 같은 메시지들을 보낸다.

인천 아시안게임 폐막식에서 등 뒤의 아름다운 사람들을 만났다. 16일 동안 짜릿한 승부 끝에 울고 웃던 선수들의 다양한 몸짓들. 선수 뒤에서 환희와 안타까움을 온몸으로 표현하던 코칭스태프들, 경기장 관중들의 생생한 표정이 담긴 특별영상은 깊은 감동을 주었다. 그렇게 등을 바라보며 함께 땀방울 나눈 사람들이 있었기에 승자에게도 패자에게도 열전의 시간들은 아름다운 기억으로 남아 앞날에 힘이 되리라. 임권택 개폐회식 총감독은 "하나의 신기록이 탄생되기까지 한 사람의 승자 뒤엔 수많은 이들이 함께 한다. 그 등 뒤에 있는 수많은 이들의 눈물과 기쁨의 순간들을 재조명해 함께 한 모든 이들을 주인공으로 비추는 데 초점을 맞췄다"고 말했다. 스포츠 축제가 아름다운 이유다.

하지만 가끔 잊는다. 그렇게 등 뒤에서 누군가 나를 위해 박수치고 가슴 졸이며 힘을 보태고 있다는 사실을. 내가 이루어낸 모든 것이 스스로의 능력과 노력의 결과인양 우쭐해하다 추수 시작되는 시월이 되면 비로소 등 뒤를 돌아보며 은혜로움을 생각한다.

마음이 황폐해지고 잡초 무성해질 때마다 채근하고 위로해준 사랑. 몸 아플 때, 일이 버거울 때 망설이지 않고 뒤에서 등 밀어준 사람들을 기억해 내고 그 힘으로 오늘 내가 살고 있음에 감사한다. 하여 올 가을, 삶에서 거둘 수확이 크지 않아도 서운하거나 슬프지 않다. 등 뒤에서 나를 지켜주는 시선들만으로도 나는 행복하다. 그리고 꿈꾼다. 사는 동안 가족 넘어 다른 누군가의 뒷모습을 지켜주며 응원하는 따뜻한 삶, 등 뒤의 아름다운 삶을 살 수 있기를.

아들의 뒷모습이 오래 마음을 아리게 하는 밤. 먼 길 달려 집에 도착하니 만월이 환하다. 그래도 아직은 그 뒷모습을 지켜줄 수 있어 고맙다.

오월의 문 앞에서

긴 생머리가 바람에 찰랑댄다. 눈부시다. 몇 걸음 앞서가다 돌아보는 얼굴로 오월 햇살이 담뿍 쏟아진다. 이마에 손 그늘을 드리우고 잠시 선 아이. 입가로 번지는 엷은 웃음엔 풋풋한 젊음이 싱그럽다. 공연히 콧날이 시큰하다. 바라보는 것만으로도 이리 가슴 먹먹해지건만 잠언처럼 날마다 듣는, 내려놓아야 한다는 말들이 가끔은 아프다.

남매와 나란히 숲길을 걷는다. 참으로 오랜만이다. 아무런 제약 없이 두 아이와 이리 한가로운 오후를 거닐어본 적이 언제였던가.

큰길가에 차를 세우고 나무 그림자 따라 운주 산성으로 가는 길. 짙어가는 푸름 속 간간히 피어있는 연분홍 철쭉이 곱다. 밀물처럼 몰려와 가슴 흔들던 봄꽃 진 숲길엔 어느새 오월 꽃들이 핀다. 오동나무에도 등나무에도 보랏빛 꽃들이 조롱조롱 달렸다.

나직한 소리로 도란도란 숲으로 들던 우리는 약속이나 한 듯 가만히 걸음을 멈추었다. 낮은 포복으로 철쭉 그늘을 지나던 고양이도 멈칫 얼음이 된다. 사람과 고양이의 눈길이 공중에서 부딪치며 정적이 흐른다. 그 고요 속으로 제비나비 한 마리가 팔랑팔랑 날아 들어왔다. 고양이 이마에 앉을 듯 코끝에 닿을 듯 간질이는 나비의 현란한 유혹에 고양이가 어찌할 줄을 모른다. 나비에 나비가 정신을 빼앗겼다. 〈황묘롱접도黃猫弄蝶圖〉가 눈앞에서 펼쳐진다.

김홍도가 그린 〈황묘롱접도黃猫弄蝶圖〉는 생일선물이다. 고양이가 제비 나비를 치켜보고 있는 이 그림을 두고 미술사학자 오주석은 70노인이 80노인 되도록 오래 장수하시라는 뜻으로 풀었다. 고양이 묘猫자는 노인 모耄 자와 나비 접蝶자는 노인 질耋자와 중국어 발음이 같아 고양이는 70노인을 나비는 80노인을 상징하기 때문이다. 그림 속엔 패랭이꽃과 제비꽃이 함께 그려져 있는데 패랭이꽃 꽃말이 '청춘'이요 제비꽃 꽃말이 '뜻대로 된다'니 장수하시되 청춘인양 곱게 나이 들기를, 그리고 모든 일이 뜻대로 되기 바란다는 멋진 덕담이 된다.

제비꽃 피었는데 패랭이꽃이 빠졌다며 딸애가 손가락으로 허공에 꽃을 그린다. 건강하게 오래 사시라고 아이들이 까르륵 웃는다.

자연이 펼쳐준 풍경에 의미를 두니 황홀한 생일선물이 된다. 웃음소리에 고양이가 나비를 따라 간 건지 나비가 고양이 따라 간 건지 수풀 속으로 스며들고 다시 벚나무 잎새 부비는 바람소리만 가득하다.

때론 시대의 담론으로부터 벗어나 소소한 즐거움에 젖어보는 하루가 행복하다. 같은 곳을 바라보며 걷고 말하고 웃고 먹는 평범한 일상이 요즘은 치열한 생존경쟁 속에서 숙제처럼 무거워져버렸다.

콧잔등에 땀이 살짝 배일 무렵 사찰로 오르는 갈림길로 들어섰다. 고산사 일주문을 지나면 '백제루'라는 누각이 눈에 들어온다. 운주산성은 백제 부흥운동군 최후 구국 항쟁지로 알려져 있다. 지금도 고산사에서는 백제가 멸망하고 당나라로 끌려간 의자왕과 나당 연합군에 맞서 끝까지 싸우다 간 백제 부흥군의 원혼을 달래는 '고산제'를 지낸다. 망국의 설움 속에서도 마지막까지 백제인으로 남고자 했던 그들의 결기는 천년 시간에 묻히고 지나는 이들의 소망을 쌓아 올린 돌탑들이 산성으로 오르는 길을 지킨다.

한가로운 마음은 어디 가고 숙연함이 묵직하게 자리한다. 그러고 보면 우리가 발 딛고 사는 땅마다 이름 없는 이들이 사력을 다해 그린 삶의 무늬들이 새겨져 있다. 생일 맞아 다시 한 살이 더해진 나는 어떤 무늬를 그리고 있는 걸까. 우리 아이들은 어떤 그림을 그리게 될까.

맑고 영롱한 물방울을 튕겨내는 물레방아 앞에서 오월을 생각한다. 기쁘고 행복하고 아픈 기념일들이 함께 어우러진 오월. 오월의 문 앞에만 서면 원죄처럼 시대가 주는 무게로부터 자유롭지 못한 우리지만 그래도 신록처럼 푸르게 살아야겠지. 물레방아를 배경으로 셀카놀이에 여념 없는 아이들을 보며 때론 기념일이 있어 다행이라는 마음이 든다. 잊고 살다 그리운 이들을 떠올리고 추모할 이들을 기억하게 되니 말이다.

절정

눈길 닿는 곳마다 꽃빛이 곱다 못해 뜨겁다. 짙어가는 푸름 속 농염하게 붉은 철쭉은 봄날의 절정이다. 한낮 슬그머니 넘나드는 성급한 여름에게 남은 허세라도 부리듯 후끈 달아올라 있다. 바람이 지날 때마다 근처 숲에선 송홧가루 뭉실 피어오른다. 몽환적인 연둣빛 바람에 흔들리지 않으려면 며칠 창을 닫아두어야 할지도 모르겠다.

온통 사랑의 속삭임으로 분주한 오월. '가정의 달'이란 이름에 걸맞게 공식적으로 챙겨야 하는 날들이 많다보니 사실 가계부가 빠듯해지는 시기이기도 하다. 그 무게감 때문에 오히려 사랑이 의무처럼 변해버리는 건 아닐까 하는 생각도 가끔 든다.

얼마 전 친정엄마가 작은 항아리를 챙겨주셨다. 예전엔 장 담그고 절임 반찬 만들던 옹기들인데 이젠 만사 귀찮단다. 요즘엔 대문 열어두면 몰래 가져가는 사람들이 있다고 걱정하시기에 화분이라도 올려둔다고 들고 왔다. 장독대에 있어야 할 항아리들이 화초들을 하나씩 얹고 앉은 풍경을 마주할 때마다 왠지 씁쓸해지곤 한다.

엄마는 늘 한결같으셨다. 딸들이 갓 출가했을 때나 중년이된 지금이나 레퍼토리가 똑같다.

'남편 출근길에 언짢은 소리 하면 하루 일이 잘 안 풀리니 아침엔 잔소리 하지 마라. 시어른 계신데 큰소리 내고 다투면 당신 때문일까 맘 불편해하니 어른 계실 때 큰 소리 내지 마라. 일한다고 살림 소홀히 하면 안 된다. 바빠도 내 살림이니 내가 갈무리해야 한다. 아이들은 부모 보고 배운다. 행동거지를 항상 조심해라.'

조선시대 도덕 교육이 따로 없다. 덕분에 엄마가 집에 오신다는 연락을 받으면 반가울 틈도 없이 몸이 먼저 바빴다. 베란다며 구석에 미뤄둔 살림살이까지 꺼내어 쓸고 닦느라 정신이 없다. 감춰도 모두 엄마 일이 된다. 한시도 앉아 계시지 않고 이것저것 찾아 정리하고 갈무리해 주느라 하루해가 짧다. 바쁜 딸들을 위한 엄마만의 사랑 방식이다. 하지만 딸들도 나이가 들면서 마냥 좋지만은 않다. 엄마지만 내 치부를 보이는 것 같아 불편하고 부끄럽고, 한편으론 내 게으름으로 엄마를 맘 편하게 해드리지 못한다는 생각에 미안하고 죄송하다.

엄하고 대쪽 같아서 싫었던, 세월이 흘러도 빈틈이라곤 찾아볼 수 없어 늘 긴장하고 살아야 했던, 그런 바위 같은 엄마에게서 귀찮다는 말이 흘러나오다니. 항아리에 은근히 내려앉은 송홧가루들을 훔쳐내며 두려움이 밀려왔다. 엄마가 안 계신 세상을 한 번도 상상해본 적이 없다. 상가에 조문 다니면서도, 가끔 몸이 아플 때면 내가 없는 세상은 어떨까 미루어 짐작해보며 삶을 갈무리하는 풍경 속에도 늘 엄마는 계셨다. 며칠 마음이 심란했다.

어버이날 동생들이 모두 친정집에 모였다. 시가 쪽에 예식이 있어 먼 길 다녀온 우리가족 때문에 늦은 저녁 밥상이 차려졌다. 손 많이 갔을 밑반찬들. 내가 좋아하는 갈치 튀김부터 남동생 좋아하는 게장을 비롯해 오남매와 사위 며느리 좋아하는 찬들을 빠트리지 않고 꼼꼼하게 챙긴 상이었다. 국그릇 놓을 자리도 없이 한상 차려내신 엄마는 저만큼 물러앉으셔서 반찬에 손 갈 때마다 간이 맞는지 맛은 괜찮은지 묻는다. 엄마가 해주는 건 뭐든 맛있다는 남동생 말에 얼굴이 환해지셨다. 솔직히 조금씩 엄마 손맛이 변하고 있음을 모두 알지만 아무도 말하지 않는다. 큰일에 불려 다닐 만큼 음식 솜씨 좋으셨던 엄마의 미각도 세월 따라 짠맛이 더해지고 있다. 귀찮다더니 자식들 기다리며 이것저것 혼자 준비하셨을 엄마가 애잔하면서도 고마웠다.

그 밤. 손주들로 시끌벅적해진 엄마의 뜰 안엔 금낭화가 환했다. 오롱조롱 매달린 꽃들이 엄마 집에 담겨 수다를 떠는 우리남매 같았다. 그러고 보면 엄마에게 절정이란 자식과 함께 하는 시간이다. 이젠 연로해져 긴장이 풀어질 법도 한데 꼿꼿하게 자리 지키는 건 자식들이 눈앞에 있어서일 게다. 자식이 아프면 엄마는 전사처럼 절정의 힘을 뿜어낸다. 몸이 아파 무던히 속을 썩인 나이기에 빚이 많다. 그 빚 덕에 서툴지만 나도 천천히 그리고 조금씩 그런 엄마를 닮아가고 있다. 라일락 향긋한 친정집엔 늘 절정의 시간을 사는 엄마가 계신다.

어쩌면 자연에게도 절정의 시간이란 따로 없을지 모른다. 하루하루 생존을 이어가는 뭇 생명들에겐 매 순간이 최선이리니. 사람들만이 보는 즐거움을 따져 절정이다 아니다 각설을 풀어내는지도.

붉은 절정 지나면 녹음 짙어지겠다. 결실을 위해 뜨거웠던 시간마다 푸른 물 스며들어 탱탱하게 열매들을 불려가겠지. 아카시아와 찔레, 달콤한 바람이 불겠다.

달팽이

바람 잠잠해지니 비가 내린다. 창을 여니 젖은 도시로부터 풀려나온 비릿하고도 눅눅한 한기가 밀려든다. 베란다 밖에 놓아둔 민들레 화분은 아직 잠잠하다. 마른 줄기에 매달린 물방울들이 달강달강 흔들리다 흙 속으로 스며든다. 톡! 톡! 일정한 간격을 두고 천천히 차례를 지키며 내려앉는다. 조심스레 뿌리의 긴 잠을 깨우듯. 어느 들에선가는 이 빗소리에 개구리가 겨울잠을 깨고 나오겠다.

베란다에서 겨울 넘긴 화초들을 살펴본다. 며칠 따사롭던 햇볕에 베고니아 꽃빛이 고와졌다. 문득 얼마 전 시금치를 다듬다 발견한 민달팽이가 떠오른다. 손가락 끝에서 물컹 만져지며 소름 돋던 감각이 아직도 생생하다. 움찔 놀라서는 다듬고 잘라낸 이파리들과 함께 비닐봉지에 담아두었다 음식물 쓰레기통에 버렸다. 그러고는 공연히 며칠 마음이 불편했다.

유난히 환형동물이나 파충류에 공포감을 느끼는 내게 채소를 다듬을 때마다 만나는 민달팽이는 고민스런 존재다. 전원에 살 때는 한 걸음 나서면 들이고 밭이니 달팽이 붙은 이파리를 뚝 떼어 던져두면 그만이었는데 아파트는 마땅히 내보낼 장소가 없다. 여름엔 종종 식구들을 시켜 1층 화단에 놔주곤 했는데 지금처럼 차가운 날엔 어찌할 바를 모르겠다. 그렇다고 아끼는 화초들을 달팽이집으로 만들어주고 싶은 생각은 추호도 없다. 그 많은 달팽이들이 내가 잠든 밤마다 기어 나와 사각사각 잎을 갉아먹는 상상을 하면 끔찍하니까. 그런데 엊그제 읽은 책 한권이 화근이었다.

『달팽이 안단테』 서른 넷 젊은 베일리는 유럽 여행 중 미확인 바이러스성 병원체에 감염되어 전신이 마비된다. 정확한 병명도 모른 채 모든 사회적 관계로부터 단절된 나날을 보내는 그녀에게 어느 날 친구가 제비꽃 화분을 하나 들고 온다. 숲에서 발견한 달팽이와 함께.

삶에 불쑥 끼어든 달팽이. 난감해하던 베일리는 차츰 달팽이 움직임에 흥미를 갖는다. 달팽이가 내는 작은 소리에 귀 기울이게 되고 달팽이 움직임 하나하나가 '또 다른 생명체와 이어져 있다는 느낌'을 갖게 한다. 삶과 죽음의 경계에서 달팽이를 관찰하고 기록하는 시간 동안 그녀는 생명의 소중함과 위대함을 깨닫고 자신이 살아야 할 이유를 찾는다. 그리고 서로 볼 수 없지만 세상 모든 존재들이 하나의 공동체로 연결되어 있음을 알게 된다. 작은 달팽이가 건네는 아름다운 위로는 그녀의 삶을 지탱해준 힘이었다.

'처해진 환경에 적응하고 스스로를 보호하는 달팽이의 삶에 비해 포유류는 불필요한 존재인 것처럼 보인다'는 저자의 말이 오래 기억에 남는다. 주어진 환경에 스며들기보다 환경을 삶에 맞추기 위해 무리수 두는 정책을 강행하고 방관하는 현실이 그지없이 초라하다.

작은 생명을 바라보는 그녀의 시선이 경건하고 따뜻했다. 책을 읽는 내내 오래전 보았던 다큐멘터리 영화 〈마이크로 코스모스〉가 떠올랐다. 구름으로부터 풀밭으로 내려온 카메라는 정글 같은 풀잎 사이를 누비며 이슬과 개미, 벌, 무당벌레들의 삶을 생생하게 담아낸다. 분주한 생명의 소리들, 치열한 삶과 죽음이 공존하는 세계는 인간의 삶과 별반 다름이 없다. 그중 압권은 화면 가득 클로즈업되던 달팽이들의 사랑이었다. 암수가 정열적으로 애무하며 사랑을 나누는 모습은 낯설고 관능적이면서도 애절했다. 〈마이크로 코스모스〉 속의 달팽이가 원초적인 자연의 본능을 경이롭게 보여준다면 타고난 느린 걸음으로 고독한 삶을 사는 베일리의 달팽이는 지나온 삶을 관조하고 뒤돌아보게 한다.

나로 인해 운명이 바뀌어버린 민달팽이가 내내 잊히지 않는다. 조금 더 일찍 베일리의 달팽이를 만났더라면 나의 선택이 바뀌었을까? 그녀가 달팽이 덕분에 삶을 지속할 수 있었다면 내 삶을 지탱해주는 것은 무엇일까.

여전히 빗방울은 민들레의 잠을 깨우고 있다. 민들레 뿌리 옆 빗방울이 두드리던 자리에 흐릿하게 연두 빛 잎눈이 보인다. 반가움에 기쁨이 샘물처럼 고인다. 이런 소소한 생명의 변화들이 나를 지탱해주는 힘이 아닐까.

단비

아파트 뒤 산비탈에는 작은 채마밭들이 올망졸망하다. 이른 아침이면 채마밭 사이 길을 따라 산에 오르는데 나날이 달라지는 푸성귀들 바라보는 재미가 쏠쏠하다. 애기손톱만 하던 여린 상추 싹이 며칠 새 손바닥만 해지고, 콩잎마다 송송 잔털이 자란다. 꽃 진 자리 짙은 보랏빛 가지가 햇살에 반짝 윤기 도는 모습을 지켜볼 양이면 내 밭인 양 흐뭇하다.

낮고 좁은 둑을 따라 구불구불 경계 지어진 텃밭 풍경은 바라볼수록 정겹다. 한 가지 채소를 줄 맞춰 심어 깔끔하게 정돈된 밭이 있는가하면 온갖 푸성귀들이 뒤섞여 자라는 밭도 있다. 종종 밭 모양새를 보며 주인의 성품을 짐작해 보기도 한다.

오랜 봄 가뭄은 비탈 밭에도 혹독한 시련을 가져왔다. 뜨거운 뙤약볕에 잎 끝이 타들어가고 병충해가 심해지며 천천히 초라해져갔다. 주인이 다녀갔는지 동그마니 젖어있던 물그림자도 잠깐 뿐 작은 바람에도 마른 먼지들이 푸슬푸슬 피어올랐다. 산행을 마치고 집에 돌아와 시원한 물 한 잔 마시려면 공연히 미안한 마음이 들기도 했다.

생명을 가진 모든 것들이 목마름에 지쳐가던 유월의 끝. 비탈 밭에는 작은 변화들이 생겼다. 겨우 한 뼘 남짓 자란 참깨들이 하나 둘 꽃을 피우고, 상추와 쑥갓들도 씨앗을 맺기 시작했다. 나뭇잎 사이 보일 듯 말듯 숨어 지내던 복숭아는 알이 굵어지기도 전에 발그레 홍조가 들었다. 속 타는 사람들과 달리 60년 만에 오는 가뭄에도 침착하게 생을 정리하는 모습이 경건했다. 뜨거운 바람조차 주어진 사명을 다하기 위해 애쓰는 생명들에겐 삶의 열기인 셈이다.

문득 부끄러워졌다. 한 해 살다가는 생물도 위기를 감지하고 삶을 갈무리하느라 치열한데 수십 년을 사는 나는 조금만 힘들면 쉽게 그늘 속으로 숨어들어 안주하고 싶어 한다. 정리해야 할 것들을 놓쳐 버리고 위기에 허둥거린다.

그 비탈 밭에 단비가 내렸다. 부드럽고 촉촉한 안개가 살풋 감도는 비탈에 고구마 꽃이 예쁘게 피었다. 쑥갓 꽃 노란 얼굴도 해맑다. 영글어 가는 씨앗 깊은 곳엔 인내한 시간들이 달큰하게 고여 있을 것이다.

그러고 보니 어느새 칠월이다. 달력을 뜯어낸 자리에는 미련처럼 유월의 자투리가 남아 있다. 올해 계획했던 일들이 무엇일까 새삼 다시 수첩을 뒤적여 본다. 게으름에 밀려 수첩 한 귀퉁이 적혀 있는 이루고 싶은 소망 한 줄은 꿈처럼 멀기만 하다.

칠월 첫날에 다시 꿈을 적는다. 비탈 채마밭에서 만난 생명의 숨결이 느슨해진 가슴으로 단비처럼 스며들어 무엇인가 할 수 있는 용기와 지혜, 열망을 품게 한다. 풀들이, 나무들이 열매 맺어 가듯 남은 반년의 삶이 내게도 성과 있기를 희망해본다.

웃는 나무

이른 아침. 모처럼 남편과 집근처 산에 올랐다. 며칠 내린 비로 길이 촉촉해 걷기 좋았다. 도심이지만 마른 먼지 풀썩이는 입구와 달리 조금만 들어가면 나무들 살랑거리는 소리, 부식 중인 나뭇잎 알알한 냄새들이 그늘진 대기에 깊게 배어 있다. 천천히 걸으며 숨을 깊이 들이 마시면 축축하고 미지근한 향내로 나무들이 이야기를 걸어온다.

하지만 그런 여유로움도 잠시뿐이다. 휴일에는 눈만 빼꼼 내놓은 채 멀티마스크나 반다나로 완전무장한 사람들이 쉴 새 없이 어깨를 스쳐간다. 자외선 차단도 좋지만 가끔은 이방인처럼 섬뜩하다. 저렇게 꽁꽁 싸매고 전투적으로 산길을 걸어야하나 아쉬운 마음이 든다.

느린 걸음으로 솔잎 쌓인 길을 지나 산을 넘었다. 그런데도 온몸이 흠뻑 젖었다. 숨도 가쁘다. 휘어진 노송 한 그루 하늘을 가린 작은 빈터가 오늘따라 반가웠다. 나무 그루터기에 등을 기대고 앉아 한숨 돌리며 숲의 속살을 들여다본다.

햇빛이 소나무 가지 사이로 쏟아진다. 그 빛살 속으로 나무 부스러기로부터 일어난 가늘고 보드라운 티끌들이 부유한다. 우화 뒤 남겨진 곤충의 허물들. 생명이 잉태시킨 복잡한 씨앗 주머니들. 그들이 스치며 내는 조용한 살랑임. 달콤한 햇빛 속으로 작은 생물들의 속삭임이 희미하게 들렸다 사라진다. 숲에는 지나간 시간이 호수처럼 고여 있다.

그 시간 속에는 인류 문명에 기여한 나무들의 역사도 있다. 인간에게 나무는 난방과 취사 연료가 되어주고 중요한 건축 재료이며, 생활도구였고 아름다운 소리를 들려주는 악기였고 예술품이었다. 가장 위대함을 꼽으라면 지식과 즐거움 주는 책으로서의 역할이 아닐까 싶다. 책장을 넘기며 가끔 손끝에 느껴지는 질감이 나무 속살인 듯 가슴 뭉클할 때가 있다. 숲의 기운이, 나무가 지탱해온 단단한 세월이 얇은 종이에 가지런히 그려진 활자들을 타고 내 안으로 흘러드는 듯 경건해지기도 한다.

그런데 숲이 종이 때문에 매년 3만 제곱킬로미터씩 사라지고 있다고 한다. 전 세계가 단 하루 동안 사용하는 종이를 생산하기 위해서 1200만 그루의 나무가 베어진단다. 재활용코너에 늘 쌓여있는 종이들. 열어보지도 않은 각종 홍보물, 책, 전단지, 신문, 고지서가 되어 하루를 살고 버려지는 종이들이 지구에서 생명이 가장 긴 유기물로 만들어진다는 것은 정말 아이러니다. 종이들을 분리수거함에 가지런히 넣은 뒤 뿌듯한 마음으로 돌아서던 기억이 새삼 부끄러워지는 순간이다. 전자책이 늘고 고지서도 전자메일로 바뀌는 추세라 숲에는 반가운 소식이겠다.

아파트 재활용 코너에는 종이뿐만 아니라 사흘이 멀다 하고 나무로 만든 가구들이 버려진다. 아직 쓸 만한데도 미련 없이 두고 간다. 오랜 시간 부대끼며 살아온 추억과 함께 가구로 생명을 이어오던 나무도 생애 종지부를 찍는다. 바라볼 때마다 씁쓸하다.

그런 점에서 요즘 열리는 인형 전시회 〈웃는 나무전〉은 의미가 깊다. 나무를 사거나 베지 않고 주로 버려진 잡목을 이용하는 작가의 마음이 고맙고 존경스럽다. 인위적으로 꾸미기보다 나무 본연의 생김을 살려 만든 인형들은 동화처럼 밝고 따뜻하다. 호수를 등에 진 낙타, 미처 자라지 못한 작은 날개를 가진 천사 후보생, 흥부네 박을 옮기는 말, 그리고 발톱을 감추고 웃는 호랑이. 상상과 해학이 어우러진 세계는 즐겁다. 버려진 나무에 생명을 불어넣어 웃게 만드는 그는 할아버지 천사다.

그 마음에 동화되어 웃는 나무 만들기에 동참한지 이제 한 달. 마음이 앞서 비껴가는 조각칼에 물고기 인형은 아직 눈이 없다. 나무 속살을 잘 보듬어야 푸른 바다 깊은 눈 새기리니. 잠시라도 틈이 생기면 마음이 온통 나무에 가 있다. 열병을 앓는다. 숲을 걷는 동안에도 뒹구는 나무토막 없을까 눈이 바쁘다.

그러다 내려오던 길. 우연히 발길에 채인 나무토막 하나 주운 뒤 가슴이 콩닥콩닥 설렌다. 이 나무는 어떤 기억을 가지고 있을까?

세상 모든 창조물들을 신성한 존재로 여기고 자연과 인간 모두를 존중했던 조상들의 지혜가 새삼 그리운 시간이다.

그럼에도 불구하고

일주일에 하루, 수요일은 나를 위한 시간이다. 혼자 놀기를 즐긴다. 밀린 책도 읽고 영화도 보고 가끔 짧은 여행을 떠나기도 한다. 삶의 쉼표다. 요즘은 도서관에서 열리는 인문학 강의를 듣는다. 여유를 즐기며 도서관까지 걷는 길 몸도 마음도 가볍다. 어쩌다 바람 불고 가끔 이슬비라도 뿌리는 날은 상크름해 걷기 더욱 좋다.

직선인 큰길은 지루하고 소란스럽다. 부러 큰길 벗어나 오르막을 지나면 동네 속살을 엿볼 수 있는 조붓한 길이 나온다. 구불거리고 낮은 오르막과 내리막이 반복되는 샛골목들. 그곳에서 만나는 풍경들은 익숙하면서도 새롭다.

고만고만한 텃밭을 끼고 간잔지런히 늘어선 묵은 기와집들. 올망졸망 자라는 푸성귀들은 주인 품성처럼 다채롭다. 울타리 너머 붉은 장미 넝쿨 틈새로 자잘한 생활소음들이 리듬처럼 흐르는 곳. 다양한 삶이 이웃해 있는 골목 아침은 생동감이 넘친다. 옅은 회색을 띤 보도블록이 칙칙하고 엉성하게 깔린 좁다란 길엔 햇빛과 바람, 빗물 머금으며 흘러온 세월의 정취가 배어 있다.

잠깐 지나는 비에도 노후된 옛 블록은 금세 빗물에 젖어 어두워진다. 오래된 골목도 그렇다. 잠깐 스치는 사이에도 상념을 일으키며 먼 기억의 탯줄까지 더듬게 만든다. 새 블록과 낡은 블록이 그려낸 무늬처럼 마음에 잔잔한 파문을 일으킨다. 잊었던 고마운 사람들, 그리운 인연들이 떠오르며 많은 이들의 응원으로 현재에 와 있음을 새삼 깨닫게 된다. 그것은 또 내일을 열심히 그리고 올바르게 걸어가는 힘이 된다.

누구나 그렇듯 빨리 어른이 되고 싶던 날들이 내게도 있었다. 자유로운 삶이 목말랐다. 어른으로 산다는 건 삶 앞에 던져지는 수많은 물음들의 답을 구하느라 겪는 방황이 패키지로 끼어 있음을 그때는 몰랐다. 모범답안이 없음에 좌절하며 고비가 닥칠 때마다 '내가 왜?' '~때문에'라며 세상을 향해 불만을 쏟아내곤 했다.

요즘은 신탁에 의해 정해진 운명이라도 끊임없이 도전하고 저항하는 호전적인 그리스 고전 속 인물들이 매력적으로 느껴진다. 덕분에 '그럼에도 불구하고' 라는 생각을 한다. 질문의 화살을 밖이 아닌 내 안으로 던지는 연습이다. 고전 속 인물들은 고통스럽고 아프고 가혹한 운명 앞에 놓이더라도 '그럼에도 불구하고' 당당하게 맞서 살아가라고 얘기한다.

'자유롭지 못한 어떤 세계를 상대할 수 있는 유일한 방법은 당신이 실존한다는 그 사실 자체만으로도 하나의 반항행위가 되도록 절대적으로 자유로워지는 것이다.'

밑줄 그어둔 까뮈의 문장을 다시 새긴다.

오늘은 그리스 고전 강의가 대단원의 막을 내리는 날이다. 덕분에 바쁜 가운데도 강의를 따라가며 그리스 고전들을 정독하는 기회가 되었다.

일주일 중 하루 삶을 되돌아보며 걷는 골목길. 낮은 것으로부터 오는 소소한 기쁨을 일깨워주는 풍경들이 있어 좋다. 그리고 그 끝. 발길 멈추는 곳에 도서관이 있어 행복하다.

골목길 모퉁이 화단엔 봇꽃이 한참이다.

스며들다

오후. 넓은 창으로 들어오는 햇살이 명랑하다. 투명한 빛이 반가워 온몸을 담그고 병아리처럼 앉아 있다. 독감 스며든 몸으로 햇살이 내려앉는다. 따사롭다. 초록빛 도톰한 호야 이파리도 붉은 커피 열매도 흰 꽃을 층층이 단 접란 이파리도 윤기가 흐른다.

벽에 걸린 그림 〈아름다움의 시원-겨울 강〉에도 빛은 가득하다. 속내를 보이지 않으나 둥글둥글 등이 굽은 겨울 강, 정지된 듯 고요한 풍경 속으로 스며든 소리들을 상상한다. 등 푸른 물고기를 품은 강은 분주한 현실로부터 떠나온 누군가의 봄날 휴식도 수직으로 쏟아지던 한여름 장맛비 두드림도, 억새 숲을 지나온 바람의 노래도 얼음장 아래 흐르지 않는 기억으로 담아두고 있는지도 모르리.

햇살의 온기 덕에 따끈해진 무릎과 달리 으슬으슬 한기 도는 몸을 추스르다 생각한다. 지난 한 해 나의 내면엔 어떤 기억들이 스며있을까. 겨울 강처럼 품고 있는 삶의 편린들엔 무엇이 있을까. 부러 애쓰지 않아도 십이월이면 으레 지난 일 년을 더듬어보게 되는 것이 몸에 각인된 기억인가보다.

이맘때면 마음이 가랑잎처럼 팔랑거렸다. 계획과 달리 미처 해내지 못한 일에 속상해하며 냉정하게 자신을 몰아세우곤 고통스러웠다. 그런데 올해는 한 해 가고 옴에 특별한 감흥이 없다. 아쉬울 일도 없다. 심심한 오후 세 시 같다. 병원을 몇 차례 들락거리긴 했지만 장기 입원할 일은 없었으니 감사하고 올곧은 책 벗들을 인연으로 마음 나눌 수 있으니 즐거웠다. 하지만 이런 무채색 감정들. 때론 무욕처럼 느껴지는 이런 마음이 인생의 성숙에서 오는 것이 아닐지도 모른다는 생각을 가끔 한다.

『사라진 데쳄버 이야기』 데쳄버왕이 사는 세계는 태어날 때 모든 것을 익히고 배운 완전한 존재로 세상에 나온다. 그리고 나이 들수록 몸은 점점 작아지고 기억력도 흐릿해진다. 하지만 상상력은 오히려 무한해지고 경험이 풍부하기 때문에 결정권이 세진다. 무한한 가능성과 꿈을 갖고 태어나지만 나이 들수록 욕망은 커지고 현실의 벽에 가로막혀 꿈이 작아지는 우리 삶과 정 반대다. 밤하늘의 별을 보면 아주 작고 하찮은 존재처럼 생각된다는 주인공과 달리 데쳄버왕은 자신이 아주 커지는 느낌이라고. 우주 전체가 되어 별들이 자신 안에 있는 느낌이라고 얘기한다. 욕망이 클수록 스스로가 하찮은 존재인양 쓸쓸해진다. 보이지 않을 만큼 작아지면 공기 중으로 스며들어 간 곳 모르게 되는 데쳄버 나라의 죽음은 고매하다. 욕망을 비워야 그리 가벼워질 수 있다.

이제 햇살은 다소 온기를 잃은 채 그림 속 강 건너 산 리듬처럼 흘러가는 원색의 곡선에 빨강, 노랑, 초록빛으로 스며든다. 겨울 강은 봄 같은 생명의 에너지를 품고 있다. 늘어진 몸 곧추 세우고 새 다이어리에 정성스레 이름을 쓴다. 검은 잉크가 천천히 스며들며 반짝반짝 빛난다. 골목골목 구불구불 스며든 촛불들이 새 나라를 꿈꾸게 하는 희망이 되듯 몸에 스며든 겨울 한기도 새 꿈을 키운다. 십이월은 꿈꾸는 달 데쳄버가 그리워지는 달이다.

다시 오월에

며칠 바람이 불었다. 오월 바람 같지 않은 서늘함에 영산홍 꽃이 우수수 쏟아졌다. 바위틈으로 물처럼 흘러내린 붉은 꽃무리, 생생하게 살아있는 그 꽃송이가 아이들 절규 같아 가슴 아린 오월. 아주 오랜만에 몸살 앓는 마음을 추스르고 바깥바람을 쐬러 나섰다.

상처에 새살 돋듯 숲은 푸르청청하다. 부드러운 바람에 간간히 솔내음이 묻어온다. 싱그럽다. 온몸을 열고 크게 심호흡을 해 본다.

물길 따라 이어지는 산책로는 나무 사이로 비쳐든 햇살로 따스했다. 호수는 송홧가루가 그려놓은 물무늬와 나무 그림자들이 어우러져 한 폭의 동양화다. 등산객들이 줄지어 지날 때마다 고요하던 호수 수면 위로 그림이 알록달록 살아나 생기롭다. 사람이 한없이 귀하다는 생각을 한다. 세상은 사람 냄새가 배어야 아름답다.

등산객 무리 속 낯선 휠체어 한 대가 눈에 들어온다. 머리 희끗한 남자가 휠체어를 밀다 잠시 멈추고 땀을 닦았다. 아들이 어머니를 모시고 나온 모양이다. 호리호리한 체격으로 힘에 부치진 않을까 공연히 걱정이 되었다. 하필 등산로 끝은 내리막이다. 경사가 아주 심하지는 않지만 휠체어라면 가속도가 붙어 위험할 수도 있다. 나도 모르게 긴장되어 눈을 뗄 수가 없었다. 하지만 걱정은 기우에 불과했다. 그는 능숙하게 휠체어를 반대로 돌리더니 천천히 뒷걸음질로 비탈길을 내려가기 시작했다. 미안함과 걱정으로 아들을 향해 연신 괜찮냐던 노인은 숲을 내려오는 사람들과 마주하고는 쑥스러운 듯 옅은 웃음을 지었다. 휠체어 바퀴는 눈이 달린 듯 작은 돌도 부드럽게 피해가며 천천히 내려갔다. 평지에 다다르자 아들은 모자를 벗기고 어머니의 젖은 얼굴과 목을 손수건으로 아기 다루듯 정성스레 닦았다. 흐트러진 은발을 손가락으로 빗어 넘기곤 고생하셨다고 등을 두들겼다. 노모의 바짓단 먼지를 털어내는 남자 얼굴은 먼지와 땀으로 범벅이었지만 손길만은 한없이 부드럽고 정성스러웠다. 나도 모르게 콧날이 시큰했다. 저리 부모에게 정성 다하는 사람이라면 다른 도리 또한 성실하게 지키며 살아가지 않을까.

문득 영화 〈역린〉으로 유명해진 중용 23장이 떠오른다.

'작은 일도 무시하지 않고 최선을 다해야 한다. 작은 일에도 최선을 다하면 정성스럽게 된다. 정성스럽게 되면 겉에 배어 나오고 겉에 배어 나오면 겉으로 드러나고 겉으로 드러나면 이내 밝아지고 밝아지면 남을 감동시키고 남을 감동시키면 이내 변하게 되고 변하면 생육된다. 그러니 오직 세상에서 지극히 정성을 다하는 사람만이 나와 세상을 변하게 할 수 있는 것이다. 바뀐다. 온 정성을 다하면. 세상은 바뀐다.'

예전과 비교할 수 없을 만큼 세상은 달라졌지만 사람으로서 지켜야할 근본 도리는 변하지 않는다. 부모 자식 간 도리도 경제력이 좌우한다 한탄하지만 돌이켜보면 정성스런 마음이 엷어짐도 부인할 수 없는 듯하다. 작은 일도 도리 지켜 정성스럽고 성실하게 해나갔다면 세월호 참사 같은 불행을 겪지는 않았으리라. 속속 드러나는 사고 당시의 진실과 우리 사회에 만연한 뿌리 깊은 부패는 실망을 넘어 절망과 부끄러움을 안겨주었다.

한 목소리로 비판을 쏟아내는 우리 또한 그 책임으로부터 자유로울 수 없다. 문제가 생기면 노력과 정성으로 극복하기보다 인맥 찾아 부탁하는 것이 당연하고 일상인 듯 여기지 않은 사람 몇이나 있을까. 그런 부패와 원칙 없는 행정이 가능하도록 방관한 우리에게도 책임은 있다. 정의로운 세상은 바로 우리에게서 시작된다. '정치를 외면한 가장 혹독한 대가는 가장 저질스런 인간들에게 지배당한다는 것' 이라는 플라톤의 말이 아프다. 아울러 세상에 방관했던 나 자신이 부끄럽고 미안하다.

상념에 젖은 사이 두 모자는 어디로 갔는지 보이지 않는다. 어버이날이 가까운 휴일이라 그런지 삼대가 함께 나들이 나온 가족들이 여럿 보인다.

세상은 초록으로 저리 환한데 카네이션을 달아드릴 수 없는, 그리고 그 카네이션을 받을 수 없어 더 아플 세월호 유족들을 추모한다. 그리고 살아갈 시간을 생각한다. 매사에 정성을 다하리라.

바람

이별 잔치

들녘 바람이 박하 같다. 봄도 깊어 옛길은 풀향기 그윽하다. 낭성천가 바위굽이를 돌아 내려가니 절벽 아래 일각문이 단정하게 서 있다.

앞서가던 벗이 조심스레 문을 민다. 삐그덕 열리는 시야로 작은 누정이 보인다. 흐르는 물을 배경으로 살짝 풀어진 홑처마 팔작 지붕 맵시가 우아하다. '白石亭' 이란 편액이 단정하게 걸려 있다. 배면 가운데 손질하지 않은 자연목을 기둥으로 세우고 난간을 둘렀다. 신발을 벗고 누정에 올라앉으니 통 칸 쪽마루가 푸근하다. 누정의 기능은 취경聚景이라 했던가. 으늑하게 들어앉아 사방으로 트인 경치를 보니 탄성이 절로 나온다. 물소리가 고아한 정취를 돋운다.

Y선생이 커피 보따리를 풀었다. 마주 닿은 눈길에서 '오길 잘했지?' 라는 소리를 듣는다. 살짝 입 꼬리 올리는 웃음으로 대답을 한다.

변덕이 죽 끓듯 한다더니 꽃 핀다 호들갑떨던 때가 언제냐는 듯 요란한 원색 꽃빛에 멀미가 났었다. 사람도 풍경도 공중에 매달린 듯 들뜬 봄이 싫어 오래 꼼짝 않던 중이었다.

'도서관 열시 집합'

번개 공지 문구 아래 드립커피 삼종을 음미할 수 있는 패키지까지 덤으로 끼어 있다는 덧글에 마음이 동할 수밖에.

드리퍼 안 커피가 부풀며 익숙한 향이 정자 가득 풀어진다. 커피 한 잔씩 들고 둥글게 앉은 여인들이 죽림칠현 흉내를 내다 까르르 웃음이 터진다. 물을 건너온 바람이 귀밑머리에 살랑거린다. 기둥 한 귀퉁이 풍경 하나 달면 좋겠다는 생각을 한다. 지나는 이도 별로 없는 한적하고 고즈넉한 자리. 잠시 떠나왔을 뿐인데 도시와는 다른 풍류가 흐른다. 마음 맞는 벗들과 자연 속 한 점 풍경으로 녹아든 시간이 여유롭다.

산들바람이 분다. 잔물결은 숲과 누각 그림자를 품고 한 폭의 산수화를 그린다. 알록달록한 여인들 옷 빛이 흔들리며 산수 안으로 녹아든다. 그러다 바람이 멈추고 고요해지면 사물들은 명징하게 제 모습으로 살아난다. 흩어졌다 모이는 마음 같다. 비움이 곧 채움이다.

소연한 멋을 가진 백석정은 낭성천변에 있는 조선시대 정자다. 숙종 때 기호지방 대표적 문인 신교(申)가 바위 위에 세운 누정인데 그의 호가 백석정白石亭이다. 당대 유명한 문인들과 시문을 겨루고 학문을 교류하던 곳으로 이름과 어울리게 물가 바위가 유난히 흰 색을 띠고 있다. 자연을 누정 안으로 불러들여 시문을 즐기고 사색을 즐기던 옛 선비들 풍류가 배인 자리에서 고졸한 멋을 즐긴다.

마지막 커피가 내려진다. 바람을 타고 분홍 꽃잎이 나풀나풀 날아든다. 나는 이 정취를, 마음에 그려지는 무늬를 언어로 그려내지 못한다. 둘러봐도 꽃은 보이지 않고 푸른 기 더해가는 이파리들만 수런댄다. 어디서 왔을까. 그 꽃잎.

"꽃이 진다하고 새들아 슬퍼마라. 바람에 흩날리니 꽃의 탓 아니로다. 아… 그 다음이 뭐드라?"

아무도 답이 없다. 짧은 침묵도 잠시

"가노라 희짓는 봄을 새와 무슴하리요."

다음 구절이 따라 나온다. 스마트폰 덕분에 면앙정 송순 시조를 듣는다. 귀도 마음도 맑고 차다. 가끔은 이리 떠나 마음 불편하게 만드는 세상사들을 잠시 잊어도 좋으리.

커피도 동이 난 이른 오후 모두들 다시 일상으로 돌아가는 자리. 고마움이 밀려든다. 책 벗들 풍류 덕에 풍성해진 내 몸에도 푸른 물이 배어 싱싱하다. 누정의 고아한 정취 속에서 봄을 이별하고 이제 성하의 계절을 맞는다. 쨍쨍한 땡볕도 두렵지 않으리.

바람에 빗지다

불 당기 듯 의욕이 부풀었다. 군에 가 있는 아들 전화를 끊고 난 순간부터 오래 침잠해 있던 바람이 리듬을 타기 시작했다. 주말 토익 시험을 봐야 하는데 시험장을 부대 가까운 김포에 신청했단다. 시험을 치르려면 토요일 외박을 나와야 한다. 부대 규정상 부모가 방문할 경우에만 주말 외박이 가능하니 엄마가 김포에 오셨으면 좋겠다는 내용이었다. 덕분에 며칠 마음이 들떴다.

토요일. 일찍 출발했는데도 교통체증으로 몸살 앓는 고속도로를 빠져 나와 부대에 도착했을 땐 어느새 열시가 넘었다. 아들이 군 위수지역을 이탈하지 않고 근처 바람 쐴 만한 곳은 강화도 뿐이라 그곳에서 점심을 먹기로 했다.

사실 출발 전부터 마음은 이미 강화도로 떠나 있었다. '섬' 은 내게 설렘이다. 내륙에서 나고 자라 그런지 바다를 품은 지명은 늘 동경의 대상이었다. 더구나 강화도는 세계문화유산인 고인돌을 비롯해 개국 시원부터 현대까지 오랜 역사를 간직한 곳이라 더욱 특별한 느낌이 든다. 강화도 가거든 꼭 '월곶 연미정'엘 들러보라던 선배 조언 때문에 더욱 기대감이 컸는지도 모르겠다. 가족들과 여름 휴가차 강화도에 들렀을 때도 빠듯한 일정 탓에 다음을 기약했던 곳이기도 하다.

강화도로 가는 길 날씨는 쾌청했다. 초지대교를 건너는데 섬과 뭍 사이를 흐르는 강화해협의 바람은 맑고 시원하면서도 배릿한 바다 냄새가 났다. 예부터 해상 교통과 외세의 침입을 막는 군사적 요충지인 강화해협은 종종 염하라고도 불린다. 그런데 많은 이들이 별 뜻 없이 부르는 '염하'란 말엔 아픈 역사가 스며있다. 프랑스가 조선을 침략하기 위해 만든 지도에 'River Sale'라 표기한 것을 일본이 입수해 '염하'로 직역하면서 붙여진 이름이기 때문이다. 곡절 많은 사연은 거센 물살에 씻기듯 세월에 바래지고 이름 잃은 바닷길엔 햇살이 물고기처럼 튀었다.

연미정은 월곶 돈대 안에 있다. 월곶 돈대는 조선시대 숙종 5년 김석주가 축조한 48개 돈대 중 하나다. 문루인 조해루로 들어서니 둥근 돈대가 모습을 드러냈다. 칠월 땡볕에 달궈진 성벽은 열기로 후끈했다. 언덕 위에는 거대한 느티나무 두 그루가 정자를 가운데 두고 넓은 그늘을 드리웠다. 바람이 달큰했다. 나뭇잎 수런대는 소리도 청량하게 들리는 시간. 느긋하게 정자에 오르니 시야가 환히 트이며 푸른 물이 드넓게 펼쳐졌다.

한강과 임진강이 합류하여 서해와 염하로 흘러드는 모양이 제비 꼬리 같다 하여 '연미燕尾'라는 이름을 얻은 곳. 아름답고도 고즈넉한 경관과 정자의 멋에 취해 옛 선비 풍류 즐기듯 부채를 펼쳐 보았다. 강화 10경 중 하나라는, 가을 밤 연미정에 앉아 달을 맞는 정취는 얼마나 아름다울까. 버킷리스트에 하나를 추가했다.

강화 선비 화남 고재형은 1906년 강화도 전역의 마을과 명소를 돌며 아름다움을 256수의 한시로 남겼다. 그중 연미조범燕尾漕帆을 보면 그 시절 모습을 상상해 볼 수 있다.

燕尾亭高二水中　연미정 높이 섰네 두 강물 사이에
三南漕路檻前通　삼남지방 조운 길이 난간 앞에 통했었네
浮浮千帆今何在　떠다니던 천척의 배는 지금 어디 있나
想是我朝淳古風　생각건대 우리나라 순후한 풍속이었는데

천척의 배가 떠 있는 강이기도 바다이기도 한 곳, 뱃사람들 활기가 넘쳐흐르던 조강의 생기는 어디 가고 이리 고요할까.

하긴 연미정은 그리 낭만으로 가득한 곳만은 아니다. 조선시대 병자호란 때 인조가 피신 100여 일 만에 항복문서에 서명했던 곳이 바로 이곳이기도 하다.

"건너 보이는 산이 북한 개풍군이야."

지나는 여행객 한마디가 잠시 잊고 있던 현실을 떠올리게 했다. 성벽 사이 엉킨 철조망이 낯설게 들어왔다. 가까이 다가가니 성벽아래 해병대 초소가 있었다. 물 건너를 조준하고 있는 총구에 긴장감이 팽팽히 흘렀다.

빼어난 풍광이 주는 낭만과 총의 쓸쓸한 조화를 어떻게 표현해야 할까? 잠시 어지럽고 낯설었다. 그러고 보면 강화도 같은 섬이 또 있을까 싶다. 해안 따라 방어를 위해 펼쳐진 진과 돈대. 그리고 길게 이어진 철조망. 예로부터 지금까지 누군가 목숨 걸고 희생하며 지켜오는 곳. 초지진 덕진진에서 만났던 아픔이 되살아나며 나는 부채를 진 듯 마음이 무거웠다. 누군가 먼저 가며 지켜온 땅. 그 곳엔 늘 어떻게 살 것인가란 물음이 기다린다.

연세 지긋한 분이 건너보이는 산을 보라고 나무가 없어 벌겋지 않냐고 산만 봐도 남북이 다르다고 일행에게 건네는 말이 씁쓸하였다. 월곶 돈대는 민통선과 맞닿아 있어 왔던 길로 되돌아 나가야 한다. 거리가 지척인데 마음의 길은 멀고 전쟁은 아직도 진행 중이다. 언제쯤 이 낯설음이 편안해질까.

돌아오는 길 격심한 가뭄으로 채마밭은 시드럭부드럭했다. 마른 대궁에 돋는 새잎들이 간절한 기원처럼 눈물겨웠다. 칠월 바람 덕에 갚아야 할 빚이 늘었다.

길 위에서

바람이 분다. 풀 먹인 무명 이불처럼 삽상하다. 눈길 닿는 곳마다 폭염을 이겨낸 생명들이 속살 불리느라 분주한 시간, 아직 따가운 한낮의 햇살이 은혜롭기만 하다.

사방이 초목의 들숨과 날숨으로 풍요로운데 마음은 왜 헛헛해지는지. 구월엔 무더위보다 견디기 힘든 바람이 가슴으로 분다. 흔들리는 마음을 어쩌지 못해 가위질을 한다. 화초들을 둘러보고 마른 잎 가려내 뜨거웠던 여름을 잘라낸다. 간신히 목숨 줄 이어온 구절초는 고사 직전이다. 마른 줄기 끝 새순만 꽃처럼 남았다. 냉방기 틀어댈 때마다 볕 들고 바람 돌아 나가던 산비탈 제 고향이 그리워 몸살을 앓았으려니. 미안함에 정성들여 마른 이파리들을 떼어낸다. 그래도 줄기 끝 새순에서 꽃이 피기를 희망한다. 희망이란 욕망에 대한 그리움이라 했던가.

•

책상 위에는 아직 정리하지 못한 여름휴가의 흔적들이 흐트러져 있다. 뒤죽박죽 섞여 있는 관람권과 입장권, 식당 영수증들. 안내 팸플릿. 떠나기 전 끄적인 기형도의 문장들.

> 사실 이번 휴가의 목적은 있다. 그것을 나는 편의상 '희망'이라고 부를 것이다. 희망이란 말 그대로 욕망에 대한 그리움이 아닌가. 나는 모든 것이 권태롭다. (중략) 어쨌든 희망을 위하여 나는 대구행 첫 차표를 끊은 것이다.
>
> – 기형도, 짧은 여행의 기록 1-3 「희망에 지칠 때까지」 중에서

몸도 마음도 지쳐가던 팔월 끝자락. 시인처럼 희망을 찾아 기꺼이 짐을 쌌다. 햄스터처럼 시간을 돌리는 틈새로 끼어드는 욕망과 고민들. 관계로 얽힌 삶의 무게들로부터 탈출이었다. 통도사를 거쳐 경주 그리고 포항에서 강릉으로 7번 국도를 따라 가는 여정.

영취산에 안긴 여름날의 통도사는 짙푸른 녹음 속 빛바랜 단청이 고색창연했다. 법보사찰 해인사, 승보사찰 송광사와 더불어 부처님 진신사리를 모신 불보사찰로 한국의 3대 사찰답게 웅장하고 그윽한 기품을 지녔다. 경내를 오가는 보살들 자태가 고상하고 아름다웠다.

경내를 둘러 본 뒤 남편의 오랜 지기이기도 한 스님과 전화 연결이 되어 차를 나누었다. 사위가 고요하니 오가는 대화조차 소음이

될까 조심스러웠다. 스님이 천일기도 중으로 산문을 넘지 않은지 삼년이 다 돼가는지라 오랜만의 해후다. 속세에 충실한 사람과 산문안 스님의 대화는 이중주같이 듣기 좋았다.

짧은 만남을 뒤로 하고 나오던 길 성보박물관에 들러 큰 스님들의 선시를 만났다. 비유와 상징으로 가득한 맑은 문장들. 속인이 고승의 깨달음을 전제로 한 선시의 깊은 속뜻을 이해할 수는 없지만 마음에 남는 시 몇 수 옮겨 적었다. 고승들의 수행 흔적을 오래 간직해온 천년고찰에는 마음을 고요하게 비워주는 기운이 스며있는 듯하다.

통도사를 나와 오후엔 천년의 고도 경주에 들렀다. 불국사 근처에 숙소를 예약해 저녁을 먹고 느긋하게 동궁 월지로 향했다. 경주에 가면 꼭 봐야한다는 야경을 보기 위해서였다. 월지는 입구부터 사람과 차가 뒤엉켜 복잡했다. 호기심 반 기대 반 들어선 신라 옛 별궁터는 연못에 비친 황홀하고 신비로운 반영으로 마음을 사로잡았다. 하지만 그도 잠시, 작은 바위에 걸터앉아 달빛을 즐기고픈 마음과 달리 사람과 소음에 떠밀려 사진 몇 장 찍는 것으로 마무리했다. 결국 달이 비치는 연못이라는 옛 이름 월지에 담긴 속살은 만져보지도 못하고 물 위에 비친 환영만 본 셈. 여행지에서도 나그네의 우수가 끼어들며 허허로웠다. 플래시를 터뜨리다 떠나는 사람들. 나에게 그들에게 여행은 어떤 의미일까. 떠남이 큰 비움인 양 막연한 기대를 품었던 가벼움을 탓해야 할까.

7번 국도를 따라 강릉으로 오르던 길. 횟집 창가에 앉아 음식이 나오길 기다리는 시간. 왁자그르르한 옆자리 손님들 수선에 가족끼리 오가던 대화가 묻혔다. 경주 월지부터 인파에 시달리며 천천히 지쳐가다 보니 저절로 말문이 닫히고 말았다. 늦점심인데도 계속 들어오는 사람들로 식당은 부산스러웠다. 말소리도 묻히고 맨송맨송 앉아 있기도 심심해 사람구경을 하는데 출입구 쪽 불편한 자리에 앉은 손님이 눈길 마주치자 인사를 건넸다. 허리가 구부정해 앉은키가 작은 그 노인의 웃음이 반짝 빛났다. 머쓱하지만 나도 모르게 눈인사 보내며 좋은 자리 선점하고 앉은 게 조금쯤 미안했다. 노인은 사람이 들고 날 때마다 고개 숙이고 엉덩이 한쪽을 들어주면서도 불편한 기색이 하나도 없었다. 부끄러웠다.

길 위에서 고요함을 기대하는 나는 얼마나 이기적인 사람일까. 길을 떠나려거든 눈썹도 떼어놓고 가란 속담도 있지 않은가. 여행이란 그리 고단함을 동반하는 길이다. 그럼에도 불구하고 떠나는 건 그 부대낌 속에서 자신의 진면목을 발견할 수 있기 때문일 게다. 진정한 여행이란 새로운 풍경을 보는 것이 아니라 새로운 눈을 갖는 데 있다던 프루스트 말이 떠오른다. 일상의 눈을 벗어나 다른 시각으로 세상과 만나는 일도 내겐 연습이 필요한가보다. 여행이 이리 서툰 건 버리지 못해 껴안고 온 나 자신, 겉모습에 얽매여 짊어진 무게로부터 자유롭지 못하기 때문이다.

몸살처럼 떠나고 싶어 했지만 결국 닻을 내리고 싶은 곳은 떠나온 자리였을까? 어쩌면 돌아갈 곳이 있기에 투덜거리고 겉멋을 부렸는지도 모르겠다.

'일념의 마음이 그대로 이것이거늘
어느 곳에서 따로 찾으려 하는가?'

통도사 산문을 나서는 순간부터 방장 원명스님 선시 한 구절이 귀향길 내내 따라 다녔다.

그리 몸살 앓으며 가을은 오고 마음은 또 떠나지만 나는 안다. 내 자리에서 답을 구해야 한다는 걸.

이제 곧 한가위다. 삶을 잉태한 근원으로 귀향하는 인파로 길은 또 몸살을 앓겠다.

우리 색을 만나다

평일인데도 인사동은 인파로 붐볐다. 딸애가 참여한 동양화 전시도 보고 점심도 함께 할 겸 올라온 길. 간간히 비가 뿌렸다.

〈우리 채색화의 원류, 진채〉 전시는 '법고와 창신' 이란 부제가 붙어 있다. '법고' 편은 전통기법 그대로 옛 그림을 모사한 작품들로 인물 초상화를 비롯해 고려불화, 청록 산수화, 화조화, 십장생병, 문자도 등 다양한 작품들이 전시되었다. 반면 '창신' 편은 전통 재료와 방식을 그대로 따랐으면서도 현대인의 삶과 욕망을 표현한 창작품이다. 은밀하게 숨어있는 인간의 욕망을 비판하거나 섬세한 감성을 표현한 작품 등 화가의 개성을 발랄하게 드러내주는 그림들이 많았다.

동양화는 수묵과 담채 그리고 진채로 나뉜다. 수묵화가 먹물의 농담, 선과 면으로 명암 · 입체감 · 색채감을 나타낸다면 담채는 식물성 염료를 녹여 사용하는데 먹선을 살려가며 맑게 채색한다. 반면 진채는 광물성 석채를 갈아 아교와 섞어 갠 뒤 유화처럼 진하게 색을 쌓아 올린다. 이번 전시된 그림들은 모두 전통 진채 기법으로 그린 작품이다.

전시장 한편에 진채 재료가 되는 석채石彩 원석을 진열해 놓아 반가웠다. 늘 가루로 된 안료만 볼 수 있어 궁금했는데 원석과 함께 그 안료가 그림 어느 부분에 채색되었는지 보여주니 한결 친근하게 느껴졌다. 오랜 세월 풍화를 겪으며 생성된 광물들이 공작석孔雀石, 진사辰砂, 뇌록磊綠 등 생소하면서도 아름다운 이름을 갖고 있어 신비로웠다. 그 돌들을 자연에서 채집하여 분쇄하고 연마해 안료로 사용했던 선인들의 지혜도 놀랍기만 했다. 수만 년 혹은 수 억 년의 세월을 간직한 광물들이 시대를 뛰어넘어 현대 화가들과 만나 발색되는 과정 자체가 감동적이다. 맑은 품위를 지녔으면서도 반짝거리는 빛을 가진 오묘한 안료에 나는 그만 깊이 매료되고 말았다.

진채는 작업 과정 자체가 구도의 길 같다. 꼼꼼하게 고른 비단을 염색해 나무틀에 씌운 뒤 아교와 풀을 섞은 교반수로 앞뒤를 여러 번 칠해 자연바람에 말린다. 그 뒤 밑그림을 그리고 석채를 아교 물에 개어 칠하는데 그림 뒷면을 먼저 채색한 뒤 앞면을 그린다. 이젤을 세워놓고 서서 그리는 서양화와 달리 진채는 절하듯이 엎드려 작업을 해야 한다. 오체투지 같다. 붓을 통해 석채와 비단이 만나는 순간은 긴장되고 정성스럽고 경건하다.

안료가 가진 매력 때문일까. 전시작품 중 이하응 초상화를 모사한

〈흑건청포본〉 푸른 옷 빛이 우아하고 기품 있으면서도 화려하게 느껴진다. 또 어린 소녀 초상을 그린 〈꽃단장〉은 색감이 수채화처럼 맑고 투명했다. 안내에 따르면 진채는 '수묵화에 억압되고 분채 위주의 일본채색화로 왜곡' 되어 왔다고 한다. 우리 동양화에 많은 영향을 미치고 있는 일본 근대 채색화는 그림 그리기 전 굴 껍질을 풍화시켜 얻은 호분 가루로 장지에 밑칠을 한다. 그 위에 분채로 채색해나가므로 발색이 선명하고 형형하다. 그러나 우리 전통 채색화는 주로 비단에 그리는데 바탕에 밑칠을 거의 하지 않는다. 투명한 비단의 특성을 이용 양면에서 채색하여 맑고 섬세하며 깊은 색감을 표현한다. 주재료인 석채는 불에 구워 사용하면 더 다양한 색의 스펙트럼 표현이 가능하다. 또 입자 굵기가 세분화되어 있어 빛의 투과와 굴절에 따른 색감 표현이 자유롭다. 오방색을 기본으로 재료 특성을 잘 살려 그려낸 우리 채색화전을 감상하며 가슴이 뭉클했다.

금욕주의적인 성리학 영향으로 수묵화에 소외되고 서양화풍에 밀려 단절 될 위기에 처해 있음에도 묵묵하게 외로운 길을 걷는 작가들이 고맙고 존경스럽다.

부드러우면서도 강렬하고 맑은 듯하나 두텁고 은은하면서도 선명한 우리 그림 진채. 법고와 창신으로 단단히 자리매김하길 기원한다. 그 길을 걷는 딸이 기특하다.

구월에는

이젠 창을 닫아야 한다. 적당히 선선하던 저녁바람에 살그머니 가을빛이 스며들었다. 한낮의 햇살도 푸른 들로 스미는지 부드럽다. 엊그제까지만 해도 맹렬하게 들끓던 열기가 언제 그랬냐는 듯 절기 앞에서 맥을 못 추니 시간의 흐름이 참으로 신비롭다.

어느 산모롱이 노란 마타리꽃 하늘거리고 이파리 뒤 숨어 자라던 결실들이 밖으로 드러나는 시간 구월. 구월이 오면 기차여행을 떠나고 싶다. 올해엔 시간 내 간이역 여행을 다녀보자고 곁에 사는 후배와 약속한 건 나른한 봄날이었는데 서로 바빠 어긋나는 스케줄 때문에 겉말이 되었다. 일이 좀 한가해지나 싶으면 몸이 반란을 일으키고 몸이 좀 가벼워지나 싶으면 없었던 일도 생긴다. 모두 털어내고 구월에는 하루 간이역을 찾아 떠나고 싶다.

다랑이 논마다 벼이삭들 바람에 몸 부비는 소리, 해바라기씨 익는 소리도 듣고 길섶이며 밭두렁마다 촘촘히 심어놓은 콩꼬투리 여무는 모습도 보고 싶다. 겅중겅중 칡잎 위를 걸어가는 긴 다리 호랑거미도 만나고 사투리 다정한 구멍가게 아주머니에게 믹스커피 한잔 얻어먹으며 사는 얘기 듣던 따스한 추억도 다시 만들고 싶다. 정겨운 풍경 두어 장 수채화로 남길 수 있음 더 바랄 것이 없겠다.

바람 쇄연한 구월에는 편지함도 만원이다. 여기저기서 찾아드는 청첩장 그리고 모임 안내문들. 그 속에 하나쯤 끼어 왔으면 하고 나도 모르게 기대하는 게 있다. 손 편지다. 그나마 군에 간 아들에게서 가끔 날아들던 손 편지가 요즘은 뜸하다. 수업 후 꼬마 친구들이 고맙다는 인사를 색종이에 적어줄 때 그 짧은 글귀 삐뚤빼뚤한 글자에서 나의 어린 날을 보곤 한다. 백열등 아래 밤늦도록 공들여 편지를 쓰던 기억들이 그립다. 애기똥풀 꽃잎 곱게 말려 편지지마다 예쁘게 붙여 보내던 추억. 구월엔 가까운 이들에게 손 편지를 보내봐야겠다. 오래된 잉크를 열어보고 펜촉도 추려 책상 위에 올려놓으니 손이 꼬물꼬물 가렵다. 누군가를 마음에 그리며 정성들여 한 줄 한 줄 사연을 적어나가는 일은 참으로 행복하다.

단풍 들기 전 덕수궁에도 가보고 싶다. 여름에서 가을로 건너가는 시간의 멋을 느끼고 싶다. 시월의 고궁은 너무 뜨겁고 복잡하다. 단풍든 고궁을 즐기려는 인파로 가득해 고요는 기대하기 어렵다. 그래서 구월의 조용한 평일 그도 오전이 걷기에 좋다. 혼자 걸으며 생각을 갈무리 해 봐야지. 작은 놈을 불러내 근처 미술관에 들러 전시도 보고 인사동에 가 물고기 그림 새겨진 예쁜 등잔 있으면 하나쯤 사 들고 오리라. 온화한 등잔불 아래서 오랜만에 소월을 읽어봐야지.

아무것도 하지 못하고 여름까지 와버린 시간을 보상이라도 받고 싶은지 달력을 한 장 넘겨놓고는 여러 가지 생각들로 가슴이 설렌다. 온난화로 절기 구분이 희미해진다고 하지만 아직 짧으나마 계절 변화를 느낄 수 있음에 감사하다.

구월은 내 자리에서 지켜야 할 것들. 사회적 책임감. 해야 할 많은 역할들과 쌓인 책들 그리고 의무감을 내려놓고 하루쯤은 빈 마음으로 걷고 싶은 달이다. 누군가에겐 땀 흘리며 결실을 거두어 들여야 하는 시간, 또 누군가에겐 새로운 계획이 시작되는 시간, 누군가에겐 아픔을 견뎌야하는 시간이기도 하겠지만 가끔은 이기적인 마음으로 하루쯤 살고 싶다. 구월에는.

삶의 지문

주차장에는 쌓인 눈이 꽁꽁 얼어붙어 있다. 할 수 없이 식당가 끝나는 지점 눈밭에 간신히 주차 하며 조금쯤은 후회한다. 준비 없이 훌쩍 떠나온 길. 동장군 위세를 너무 만만히 보았나 보다. 계곡을 돌아 나온 눈바람에 목덜미가 시리다. 머플러를 눈 밑까지 끌어올려 동여매고 발끝을 조심하며 산사로 향한다. 지인들이 가끔 묻는다. 신자도 아니면서 잊을 만하면 마곡사에 가는 까닭을 모르겠다고. 입장권을 끊는데 매표소 아저씨도 묻는다. 큰 도량도 많은데 왜 마곡사에 오느냐고. 나는 그냥 빙그레 웃었던가.

낮은 물소리 희미하게 흐르는 계곡은 고요하다. 가끔 새들이 날아오를 때 참나무 마른 잎들이 소시락거릴 뿐. 하얀 눈을 배경삼아 빈 나무 가지들이 어우러진 무채색 풍경. 그 간결한 여백이 잠시나마 마음속 복잡한 무늬들을 흐리게 한다. 봄경치가 수려해 춘마곡春麻

谷이라 불리지만 겨울 마곡사를 좋아하는 까닭이 여기에 있다.

일주문 지나 경내에 들어서면 해탈문解脫門과 만난다. 속된 마음을 내려놓고 이문을 통과해야만 진리의 세계, 불국토에 들어갈 수 있다. 해탈문은 불이문不二門이라고도 하는데 '불이'는 진리 그 자체를 달리 표현한 말이다. 현세에 대립되어 보이는 모든 사실들은 본래 인과因果의 섭리로 이어져 따로 존재하지 않는다. 그러므로 삶과 죽음, 만남과 이별, 번뇌와 해탈의 근원도 하나이다. 해탈문에서는 사천왕이 도량을 지키고 선 천왕문, 그리고 극락교가 차경으로 들어온다. 물길을 건너면 속세에서 불국으로 온전하게 들어가는 셈이다.

선뜻 극락교를 건너지 못하고 물길 따라 걷는다. 맑은 숲 기운에 잠시 잊었던 속된 생각들이 다시 살아나며 마음이 복잡하고 시끄러워진다. 산그늘 드리워진 길, 아무도 지나지 않은 길에는 순백의 눈雪이 살아 있다. 무심히 걷다 뒤돌아보면 길은 치부책에 기록하듯 흔들리는 내 걸음을 선명하게 적어두고 있다. 보는 이 없는데도 조금쯤은 초라하고 쓸쓸하다. 마음을 추스르며 발자국이 흐트러지지 않도록 긴장하고 걷는다. 길지 않은 그 길이 참 멀게 느껴진다.

대웅보전으로 가려면 도랑을 건너야 한다. 징검다리 앞에 서 보지만 난감하다. 얼었다 녹기를 반복하며 생긴 고드름과 자유로운 얼음 결정 덕에 편하게 발 디딜 자리가 한 곳도 없다. 다시 내려갈까 잠시

고민한다. 도덕적인 척 우아하게 도는 길을 택하지만 결국 문제의 근원으로 돌아오게 되는 줄 몰랐을까. 위태로운 얼음 위를 한 발 한 발 조심스레 디딘다. 간신히 중심을 잡고 미끄러지지 않으려 안간힘을 쓰느라 식은땀이 흐른다. 돌과 돌 사이 맑은 얼음 위로 얼굴이 비친다. 설사 발을 헛디뎌 미끄러진다 해도 무릎이나 적실 얕은 개울 앞에서 이토록 진중하다니 픽 웃음이 난다. 매사 모든 일을 돌다리 건너듯 살핀다면 후회할 일도 없으련만. 동굴의 우상처럼 나의 시선만이 옳은 듯 근거 없는 자만심으로 세상에 오만했다. 구도하듯 온몸으로 돌다리를 건너고 나니 기운이 쏙 빠진다.

대웅보전에는 중년의 보살이 백팔배를 올리는지 이마가 방석에 닿을 때마다 손끝에서 염주알이 한 알씩 굴러 내린다. 이 전각 안에는 싸리나무기둥이 여섯 개 있는 데 기둥을 여러 번 돌수록 극락 가는 길이 가깝다고 한다. 실은 싸리나무가 아니라 느티나무라지만. 수많은 이들의 염원 담긴 나무기둥은 손때로 반질반질하다 못해 빛이 난다. 나도 모르게 그 앞에서 두 손 모으는 건 왠지 그 기원들이 자신보다는 타인을 위한 간절함이었을 거라는 생각이 들어서다. 따로 기원은 없으나 보살 곁에서 공손하게 삼배를 올린다.

대웅보전에서 대광보전으로 그리고 극락교를 건너 다시 속세로 돌아 나온다. 가을날 미련인 듯 뜨거웠던 명부전 단풍나무는 무채색으로 덤덤하게 서 있다. 명부전 주존인 지장보살은 '지옥으로 떨어지는 사자의 영혼을 모두 구제할 때까지 자신의 일을 그만두지 않겠다'는 서원을 세웠다고 한다. 기약 없는 중생을 구제하기 위해 성불도 포기한 그. 무한의 용서를 베풀며 지옥에 떨어지는 중생을 고통에서 구제해주는 지장보살이 염라대왕 곁에 있으니 슬며시 웃음기가 돈다.

미끄러운 징검다리를 건너느라 기운을 소진한데다 매운 칼바람에 솔바람 길을 포기하고 불모비림에 들른다. 사찰의 불상이나 불화를 제작하고 전각에 단청을 시공하는 이들을 불모佛母라고 하는데 그들 공덕을 기려 세운 것이 불모비다. 그 중 '효은정연 불모비' 앞에 서서 잠시 머물러본다. 보통 불화는 본에 의지해 전래되어 왔는데 도량에 맞도록 개성 있는 불화를 처음으로 시도했던 분이라고 한다. 인고의 세월 작업을 수행으로 여기며 음지에서 공덕을 쌓은 이들의 삶에 마음이 숙연해진다.

'섣달 스무날 산천이 모두 흰 눈으로 덮인 이른 새벽 첫닭이 홰를 칠 때' 태어났다는 첫 문장에 끌려 떠듬떠듬 비문을 훑고 나니 햇살이 환하다.

'스님은 平生 佛畵그리는 過程을 修行으로 여기시고 佛事가 아니면 道場 밖으로 나가시기를 삼가셨다. 스님의 性品은 조용하여 묻혀지내기를 좋아하셨기 때문에 時日이 지날수록 그 名聲은 묻혀갔다.'

비문 한 구절에 가슴이 아려오는 건 왜일까. 그림자처럼 살다가

잊혀져간 수많은 불모들의 삶을 생각한다.

양지바른 곳 꽃무릇 싹 파랗게 햇볕을 쬐고 있다. 코끝이 시큰하다. 어려워도 그리 각각 자기 삶에 뿌리내리고 꿋꿋하게 살아내는 일이 산자의 몫인지도 모르겠다. 내려가는 걸음에 한결 활기가 돈다.

잃어버린 말을 위하여 건배

도심 아파트에 사는 내게 위안이 되는 낭만을 묻는다면 주저 없이 달을 꼽겠다. 전원에서 즐기는 달빛만은 못하지만 잠들지 못하는 밤 거실에 나오면 반겨주는 달이 있어 행복하다. 초저녁에 잠깐 머물던 달이 느리게 자신을 채워가고 비워가는 모습은 경외감을 준다. 그 중 나는 그믐달이 좋다. 박명 속에 홀로 푸른빛을 쏟아내는 새벽달은 가슴 아리다. 옛 시인은 어여쁜 머리빗 같다고 했지만 활처럼 휘어 돌아간 그 곡선에서 나는 냉랭하고 차가운 결기를 느낀다. 머릿살을 서늘하게 만드는 그 명징함이 좋다. 아마 새롭게 떠오를 신월을 품었기에 아름다운지도 모르겠다. 최명희 『혼불』에서도 '보름의 달은 지상에 뜨는 온달이요, 그믐달은 지하에 묻힌 온달'이라 했으니 넉넉하게 세상 품는 보름달이 없다면 그믐달 또한 별다른 의미가 되지 못했을 게다.

한 해 건강과 복을 기원하는 정월 대보름을 맞아 떠들썩한 분위기에 휩쓸려 나물 몇 가지와 부럼을 준비했다. 올해는 귀밝이술을 따로 준비하는 수고로움도 덜었다. 술맛은 알지 못하지만 누룩 내 적당한 맛있는 술이라는 지인들 말에 끌려 염치 불구하고 얻어온 사연을 생각하면 지금도 약간의 미안함과 함께 배시시 웃음이 돈다.

지난 주말 오랜지기들과 여행을 다녀왔다. 바닷가에서 넉넉한 인심덕에 점심을 맛있게 먹고 지도에서 '하늘 바람 길'이라는 예쁜 이름을 발견했다. 하늘 바람 길이 위치한 홍성 내현리는 지형 생김에 따라 '거북이 마을'이라 불리는데 전통체험관을 운영하고 있었다. 앞마당에 차를 세우고 길을 물으니 내린 눈이 녹지 않아 미끄러워 위험하다고 막걸리나 한잔 하고 가란다. 대보름 준비로 모여 있던 마을 유지들이시다. 지역 큰 행사이기도 한 오방제 준비로 분주한 가운데 마을에 온 손님이라며 따뜻하게 환대해주셨다. 전통체험관 내 식당으로 안내하며 오방제 부정을 막기 위해 오후부터는 외지인 출입이 금지된다고 했다. 우리가 마을을 지나는 마지막 손님인 셈이었다.

낯선 길에서 마주친 인심에 약간 얼떨떨하긴 했지만 달달한 동동주 한 모금에 맛깔난 돼지고기두루치기 한 점 아삭한 김장김치에 싸 먹으니 맛이 일품이었다. 따끈한 온돌방이라 그런지 한잔에 열이 올라 금세 추위가 눈 녹듯 풀렸다. 이구동성 맛있다는 인사에 동네 어르신 기분 좋으셨나보다. 행사를 위해 담근 전통주인데 집사람 술 담그는 솜씨가 최고라고 자랑을 하셨다. 선물로 들어온 홍어까지 내놓으며 삼합 맛을 보라는 바람에 때 아닌 호사를 누렸다.

남편이 이 자리에 있다면 술과 안주가 환상의 궁합이라며 좋아했을 텐데…. 미안한 생각에 술 한 병 살 요량으로 의중을 물었더니 기분이니 한통 그냥 다 가져가라는 대답이 돌아왔다. 두 번 세 번 같은 대답에 긴가민가하면서도 용기 없어 망설이는 내가 답답했는지, 화통한 친구가 한말들이 술통을 짊어지고 나오는 통에 모두들 침묵으로 동조하여 술 한 말이 생겼다. 그 어르신이 술김에 부린 객기인지 알 수 없으나 여행길에 만난 대보름 넉넉한 인심에 내내 마음이 훈훈했다. 술값은 일행들과 거북이마을 공동체에서 판매하는 밑반찬 구매하여 보답하기로 하였다.

그 어르신 댁에 돌아가셔서 별 탈 없었을까, 남편에게 귀밝이술 한잔 따라주면서도 궁금하고 미안하다. 정월대보름날 이른 아침 식사 전 마시면 귀가 밝아진다고 하여 이명주耳明酒라 불리기도 하는 귀밝이술은 귀가 밝아질 뿐만 아니라 일년 동안 좋은 소식 들으며 잡귀를 쫓는다 한다. 세월이 흘러도 꿋꿋하게 전통을 지켜가는 분들 덕분에 좋은 술 얻었으니 올 한해 말귀가 환하게 틜 듯하다.

술 한 잔 앞에 두고 그동안 내 고집에 흘려버린 말들을 생각한다. 돌이켜보면 엄이도종掩耳盜鐘 귀 막고 종을 훔친 격이다. 춘추시대

진나라가 멸망하자 어떤 이가 몰락한 범范씨 집안 종을 몰래 훔치려 했으나 크고 무거워 가져갈 방법이 없었다. 그는 종을 깨뜨려 집으로 옮긴 뒤 다시 붙일 심산으로 망치로 종을 내리쳤다. 하지만 사방으로 울려 퍼지는 종소리에 놀란 나머지 다른 사람들이 종을 뺏으러 올까봐 자기 귀를 막는다. 〈여씨춘추〉에는 이 이야기를 자신의 단점을 들으려 하지 않는 군주에 빗대고 있다.

근거 없는 자존심에 때론 편견에 가려 내 귀에 들어오지 못한 진심어린 충고와 조언들. 영원히 잃어버린 그 말들에게도 술 한잔 올려본다.

아울러 겉도는 말들이 요동치는 정치판에도 건배를.

그리고 저녁에 떠오를 만월에게도.

부드러운 바람, 無題

가끔 낯선 도시로 여행을 떠난다. 목적지를 정하기도 하지만 대개는 무작정 이정표 따라 마음 끌리는 도시에서 하루를 보낸다. 도시에 들어가면 제일 먼저 박물관에 들러 지역의 역사를 살펴보고 갤러리를 찾는다. 우연히 만난 전시회에서 사물들과 정신적 감응을 이룬 작가의 메시지를 찾아가는 과정은 흥미롭다. 끝없는 고투 속에 내면을 승화시킨 작품들은 평범함 속에 숨겨진 깊이를 보여 주기도 하고, 삶을 꿰뚫는 풍자에 유쾌해지기도 한다.

하지만 그런 사유의 세계를 만나려면 운이 좋아야 한다. 안목이 성숙하지 못한 내게는 밤길 걷는 듯 도무지 아무런 떨림을 느끼지 못하는 경우가 더 많다. 그래서 그런지 〈無題〉 앞에 오래 머물게 된다. 제목에 갇혀 작품을 해석하느라 애쓰지 않아도 되고 마음껏 나만의 상상이야기를 만들어 낼 수 있기 때문이다. 또 작가조차도 제목 붙일 수 없는 고뇌와 환상이 흐를 거란 기대도 있다. 나는 전시회에서 끝없이 열린 공간을 만난다. 블랙홀처럼 빨려 들어가 삶의 화두에 부딪치기도 하고 바람처럼 감정의 선을 툭 건드리고 가는 빛깔들에 대책 없이 흔들리기도 한다. 이월 끝자락. 막차 타듯 떠난 제주 여행에서 만난 사진들은 아주 오랫동안 그 여운 안에 나를 가두어 놓고 있다.

점심도 거른 채 낯선 길 물어가며 갤러리 〈두모악〉을 찾았을 때 처음 눈에 들어온 것은 야트막한 돌담을 따라 수줍게 핀 수선화였다. 검은 돌담과 노오란 꽃이 어우러진 생경한 풍경에 눈이 부셨다. 폐교를 손질해 만든 전시장에는 루게릭으로 젊은 나이 세상을 등진 사진작가 김영갑 풍경사진들이 전시되어 있는데, 사진에는 아무런 설명이 없었다. 생전에 열여섯 번 전시회를 열었지만 사진에 제목을 붙인 적이 없다고 했다. 제목에 사진과 관객 사이 이심전심이 구속된다고 여기기 때문이란다. 나는 전율하듯 그가 남긴 오름 풍경으로 끌려들어갔다.

바람을 안은 억새들이 한들거리는 언덕, 해질녘 산란광 은은하게 흐르는 검은 둑길은 우수에 젖은 듯 쓸쓸했다. 이슬 머금은 들꽃 아우러진 중산간, 젖무덤처럼 부드러운 능선 위로 흘러가던 봄, 여름, 가을, 겨울. 그 풍경에는 비쩍 마른 몸으로 무거운 장비를 둘러 맨 채 억새 헤치며 오름을 오르는 그의 모습이 눈물처럼 어려 있었다.

먼동 트기 전 박명 속에 홀로 서 있는, 드센 바람에 구부러지고 휘어진 키 작은 나무는 거친 풍랑에도 꿈을 놓지 않았던 작가를 닮았다.

사무치는 고독에서 피어난 희망들은 숨 쉴 수 있음에도 감사했던 마지막 고백과 함께 아름다운 사진으로 남았다. 올곧게 한 길을 가는 삶이란 참으로 궁핍하고 지독하게 외롭지만 깃털처럼 가벼운 영혼의 집을 짓는 길이기도 하다.

이십 년 동안 제주를 떠돌며 담아낸 사진에는 폭풍 속에서도 꿋꿋하고 질기게 이어온 제주의 삶이 숨 쉬고 있었다.

"아무리 세상이 변하고 발전한다 하더라도 나(제주)다움을 지키지 못한다면 꿈은, 영원히 꿈에 머문다."

그의 말이 화살처럼 가슴에 와 박혔다.

한때, 허공을 디딘 듯 삶이 위태로웠다. 인생 중반에 맞닥뜨린 고비 앞에서 나는 허물어지듯 스스로 섬이 되었다. 어둠 속에 웅크리고 앉아 꿈이 모래알처럼 빠져 나감을 느끼며 고통스러웠다. 이러저러하게 살았노라 이름 붙이며 자부심으로 걸어왔던 날들이 하나씩 의미를 잃고 지워졌다. 아무것도 남지 않았다고 생각했다.

어쩌면 삶 자체가 無題인지도 모른다. 만남과 이별, 희망과 절망, 고통과 희열이 혼재된 길을 무어라 한마디로 뜻매김 할 수 있을까? 물이 흐르며 길을 내듯 그저 온몸으로 살아가며 의미를 그려갈 뿐.

김영갑. 희망과 절망의 경계에서 바람처럼 살다간 사내. 세속의 걸림돌로부터 자유로웠던 無題의 그 사진들이 오랜 침묵 속에 침잠해있던 나를 흔들었다. 프레임 안, 정지되어 있는 그의 시간들. 이름 붙이지 않은 그 시간의 문이 나를 향해 열리며 무디어져 가는 내게 꿈을 꾸게 만들었다.

친구들과 한 컷 남기기 위해 그가 손수 쌓았다는 검은 돌담 위에 엉덩이를 대고 앉았다. 후르르 매화꽃잎이 날아들었다. 그의 영혼이 바람으로 와 있는 거 같았다. 제주의 부드러운 바람이 가슴으로 흘러들면서 치열하게 살고 싶어졌다.

숨비소리

꿀벌들의 잔치가 시작되었다. 아파트 화단이 '잉잉- 앵앵-' 분주하고 소란스럽다. 가만히 들여다보면 이꽃 저꽃 들락거리는 모양새가 어지러워도 나름 질서가 있다. 꽃잎 속에 머리 묻었던 녀석이 나오면 주변을 빙빙 돌며 날개 떨던 놈이 차례 지켜 들어간다. 내 눈에만 그리 보이는지 알 수 없지만 새치기가 없다. 새삼 자연의 질서가 경이롭다.

마음이 오래 겨울잠 자는 사이 어느새 왁자지껄 꽃이 피었다. 바람도 숨 죽인다는 꽃잎 열리는 순간, 숨비소리처럼 오래 참았다 터트리는 긴장을 느낄 틈도 없이 봄이 와버렸다. 설렘도 없다. 설거지하다 문득 부엌 창 너머 목련을 보며 그저 덤덤히

"꽃 피었구나"

건조한 독백.

연이어 날아든 부고訃告들은 내 삶을 느슨하게 풀어놓았다. 고양이 같은 봄날 이어지는 사월. 그래도 문득 문득 나무들을 올려다본다.

딸아이 성화에 못 이겨 나가 본 무심천에는 벚꽃이 진다. 분분히 날리는 꽃잎 속을 걸어본다. 꽃 진 자리엔 어느새 여린 연두 빛 새싹들이 돋는다. 떠나는 꽃잎들이 푸른 물을 흔들어 깨우고 간다. 이별이란 그런 것이리.

단양 장회나루 건너 두향의 무덤에도 풀빛 짙으려나. 문득 매화를 사랑했던 퇴계의 시가 떠오른다.

黃卷中間對聖賢　누렇게 바랜 옛 책 속에서 성현을 대하며
虛明一室坐超然　비어 있는 방안에 초연히 앉았노라
梅窓又見春消息　매화 핀 창가에서 봄소식을 다시 보니
莫向瑤琴嘆絶絃　거문고 마주 앉아 줄 끊겼다 한탄을 말라

－퇴계 이황이 두향에게 보낸 시

이황이 마흔여덟에 단양 군수로 부임했을 때 관기 두향은 열여덟 꽃다운 처녀였다. 출중한 외모와 거문고, 시와 서에 능하고 매화를 좋아했던 두향의 연정에 퇴계는 어찌하지 못하고 사랑에 빠졌지만 그 사랑은 너무나 짧았다.

구 개월 뒤 풍기군수로 떠나는 퇴계 짐엔 두향이 선물한 분매가 깊숙이 들어 있었다. 세상 하직할 때까지 이십여 년 다시는 두향을 만나지 않았던 퇴계는 매화 시를 백수 넘게 남겼다. 차마 전하지 못한 그리움이 응축되어 청미淸美한 시 되었으려니.

물길 따라 굽이굽이 단양 상가에 가던 그 봄날. 푸른 물빛에 부서지던 햇살 보며 두향이 떠올라 처연하였는데 오늘은 지는 꽃잎 보며 그녀의 사랑에 마음이 꼬물거리니 알 수 없는 일이다. 숨은 그리움을 찾아 한시漢詩 속을 헤매다보니 황량한 마음에도 푸른 물이 배어 든다.

'죽어 이별은 소리도 나오지 않고 살아 이별은 슬프기 그지없다.' 던 퇴계의 마지막 인사가 단단하게 여미어 둔 슬픔의 끈을 툭 건드린다.

빛나던 삶이 떨어지는 꽃잎에 묻혀 잊히는 봄날.

오래 참았던 숨을 내쉬어 본다. 물질 끝내고 나온 해녀의 숨비소리 같은 가늘고 긴 휘파람 소리가 새어나온다.

사월도 어느새 중순이다.

그곳에 서면

유월 초입인데도 불볕이다. 논물 찰랑대는 들녘. 어린모들의 푸른 날숨을 싣고 오는 바람도 후끈하다. 이정표를 따라 우회전한다. 삼년산성三年山城. 눈길로만 스쳐 지나며 마음으로만 수십 번 올랐던 곳인데 마침 강의와 관련해 답사 할 일이 생겼다.

삼년산성은 보은군 어암리 야트막한 오정산 정상에 있다. 성을 쌓는데 삼년 걸렸다 해서 삼년산성이라는 이름이 붙었다. 신라 자비마립간 13년에 축조하고 소지마립간 8년에 개축했다는 기록이 삼국사기에 실려 있다. 축성 연대가 확실한데다 대체로 원형이 잘 남아있는 편이라 신라 축조기술을 연구하는데 중요한 자료가 된다고 한다.

주차장에 차를 세우고 성곽으로 오르는 길. 안내하듯 꿩 한 마리가 적당한 거리를 유지한 채 단풍나무 그늘 속을 종종걸음으로 앞서 간다. 꽃은 보이지 않는데 바람결 찔레꽃 향기 은은하게 흐르는 길은 한낮이라 그런지 고요하다. 지금은 성 안까지 차량이 드나들 수 있도록 길을 닦아 놓아 편리하게 오갈 수 있지만 삼십 년 전만 해도 성으로 들어가는 길은 숲 속 작은 오솔길 뿐이었다 한다. 어암리 일대를 왕래하는 유일한 통로로 은밀하게 숨겨진데다 성의 출입구도 겉으로 드러나지 않아 산성으로 접근하기란 쉽지 않았단다.

정문인 서문지 앞에 이르니 웅장한 성벽이 앞을 가로막는다. 서문 양쪽으로 둥근 곡성이 마주보고 있는데 둘레가 25미터나 된다. 곡성은 적들이 성으로 접근하기 쉬운 능선과 연결되는 곳에 축조해 성을 방어했던 반달모양 성벽이다. 삼년산성엔 모두 일곱 군데 곡성이 설치되어 있다. 삼년산성은 흔히 만나는 성곽들과 달리 구들장처럼 납작한 돌을 우물정井자 모양으로 쌓았는데 안쪽 내부까지 견고하게 돌로 채워졌다고 한다. 하지만 복원된 성곽은 기존 성곽과 너무나 이질적이다. 돌의 질감도 빛깔도 축성 방식도 확연히 다르다. 웅장한 규모 앞에서 잠시 난감해진다.

보은은 5세기 후반 고구려 백제 신라가 국경을 맞댄 곳으로 한강으로 가는 중요한 길목이었다. 신라가 장정 삼천 명을 동원해 개축할 정도였으니 최전방으로서 삼국통일로 가는 교두보 역할을 했던 전략적 요충지였던 셈이다. 고구려와 백제 틈바구니에서 시달리던 신라는 이 철옹성 덕분에 명실상부 삼국 중 하나로 발돋움한다. 백제를 멸망시킨 뒤 태종무열왕은 이곳 삼년산성에서 당나라 조서를 전달받는다. 백제 정벌 후 신라와 고구려까지 손에 넣으려는 당나라에게 견고한 성을 보여주며 당당하게 신라의 힘을 과시하려던 의도였다니 그만큼 삼년산성은 신라의 자부심이기도 했다.

성벽 옆길을 걸어 올라가니 보은 읍내가 한눈에 들어온다. 높은 산도 아닌데 성 둘레를 따라 사방이 내려다보인다. 동서남북 어느 쪽으로든 막힘없이 나갈 수 있는 교통의 요지다. 삼년산성은 포곡성이라 능선 따라 구불구불 이어진 성곽이 아늑하게 성 내부를 감싸고 있다.

복원된 서남 성곽과 달리 남문지로부터 동문지 북문지로 이어지는 성곽은 세월을 이기지 못하고 무너진 흔적이 곳곳에 남아 있다. 오랜 풍상 겪은 돌들이 군데군데 허물어져 너덜을 이루는 능선을 걸으며 생각은 먼 시간으로 거슬러 올라간다.

이 많은 돌들은 어디서 왔을까? 축성에 쓰인 돌은 모두 1톤 트럭 20만대 분량이라니 당시에도 엄청난 대공사였을 것이다. 무거운 돌을 끌어 올리느라 이고 지고 산비탈을 올랐을 테지. 돌 깨고 맞추느라 분주했을 이곳. 돌 하나마다 멀리 경북 선산에서 이곳 보은까지 축성에 동원되었던 이름 모를 백성들의 땀과 눈물이 스며있으리. 긴 세월 타지로 성 쌓기에 동원된 장정의 빈자리 채우느라 남은 가솔들은 혹독한 인내의 시간을 견뎌야했을 것이다.

예부터 백성들에겐 요역 중 가장 힘든 일이 성 쌓는 축성역이었다. 웅장해 뵈는 삼년산성도 그리 고단한 백성들의 애환을 주춧돌로 놓았으려니 위대함 뒤엔 늘 무거운 희생이 숨어있다.

루쉰의 「만리장성」이란 짧은 산문이 기억난다. 그는 만리장성을 '위대하고도 저주스러운 장성'이라 했다. 적을 물리쳤다는 기록이 없는 만리장성을 쌓고 보수하기 위해 과거로부터 현재까지 수많은 인력이 동원되고 희생되는 현실을 아프게 비판한다. 삼년산성의 허물어진 성벽도 곧 보수될 예정이라니 머지않아 옛 돌과 새 돌을 합쳐 하나의 온전한 성곽으로 복원되는 날이 올 것이다.

성안 골짜기 풀섶 사이로 숨어 흐르던 도랑물이 모여 흘러드는 곳. 여인 눈썹을 닮아 아미지라 이름 붙여진 연못 터엔 풀이 푸르고 노란 창포가 피었다. 천오백 년 전엔 철 두드리는 대장간 소리, 훈련받는 병사들 함성이 고여 있던 곳. 영광도 열의도 고된 노동도 잊힌 자리엔 추억처럼 오디가 붉다. 발끝에서 후두둑 튀는 풀벌레들과 산비둘기만 천년의 시간을 품은 성을 지키고 있다.

온전하게 보존되어온 성벽 일부 거무스름한 돌 켜켜이 이끼가 푸른데 웅장한 석벽 너머는 우거진 숲으로 아득히 깊다.

역사 현장에 서면 늘 가슴이 먹먹하다. 오늘이 있기까지 그리고 오늘도 누군가는 치열하게 나라를 지킨다. 그렇게 민초들은 늘 목숨을 걸었다. 그들에게 그리고 지금 이 자리에 선 나에게 나라란 무엇일까. 미리 정리해놓은 강의 자료가 부질없다는 생각이 든다. 역사는 그곳에 서 보아야 비로소 문이 열린다.

적막한 성곽 위로 또 하루의 역사가 내려앉는다.

완전한 영역

늦가을 숲은 찬연하다. 산잔등 따라 흘러내린 낙엽송 단풍이 푸른기 사그라든 숲에 훈김을 불어넣는다. M시인과 동행한 길. 자작나무 수피 처녀 속살처럼 눈부신 진입로를 지나니 물의 정원 뮤지엄 본관이 우아하게 모습을 드러낸다.

〈뮤지엄 산〉은 '안토 다다오' 설계로 지어진 미술관이다. 안토 다다오의 건축은 바람과 빛의 감촉, 그리고 시시각각 변하는 자연을 즐길 수 있도록 설계된다. 건축의 형태를 존재로 보지 않고 공간과 인간 신체 감각이 만나 기억되는 여운을 중요시하는 철학이 감명 깊다. 그 느낌을 찾아 저무는 가을 풍경에 빠진 물의 정원을 유유히 걸어본다. 물에 비친 건물 그림자 위로 붉은 잎들이 동동 떠다닌다. 고요하고 아름답다.

물의 정원을 나와 돌길이 곡선으로 연결된 스톤가든을 지난다. 햇볕에 데워진 둥근 돌무더기들이 따스하다. 차갑고 단단한 돌 이미지에 부드러운 온기를 담아내고 풀 한 포기 없는 건조한 공간에서도 편안함을 만들어내는 햇살과 바람이 경이롭다.

사실 오늘 최종 목적지는 스톤가든을 지나 미술관 맨 끝에 위치한 제임스 터렐관이다. 그 역시 빛과 공간의 예술가다. 오랜 시간 빛을 연구해온 작가의 고민과 열정이 빚어낸 작품이 궁금하기도 하고 기대감으로 설레기도 한다.

제임스 터렐 전시관은 〈하늘 공간〉〈지평선의 방〉〈웨지워크〉〈완전한 영역〉 네 곳으로 나뉜다. 어린 시절 독실한 퀘이커교 신자였던 부모님 영향으로 정신수련과 침묵을 중시하는 엄격한 교육을 받은 그의 작품은 보는 이들에게 명상과 사색을 요구한다. 작가는 미술관에다 작품해설을 하지 말라고 부탁했다는데 관람자가 직접 작품 속으로 들어가 느끼길 바랐기 때문이다.

처음 만난 작품 〈하늘 공간 Skyspace〉은 생경하면서도 자유로운 공간이다. 관람자로 하여금 아늑한 돔 안에 편히 앉아 허공을 응시하게 한다. 돔 한가운데는 천장이 둥그렇게 열려 있다. 흐르는 구름과 수시로 달라지는 하늘의 변화를 무심히 바라보던 사람들이 명상에 빠져든다. 그 평온함이 좋다.

차분한 마음으로 도슨트를 따라 다음 작품인 〈지평선의 방 Horizon room〉으로 들어섰다. 마주 바라보이는 공간에 피라미드 같은 계단이 보이고 그 끝 사각모양 공간으로 빛이 들어온다. 계단을 올라가니 시야가 탁 트이며 전원풍경이 펼쳐졌다. 카타르시스다. 갇힌 공간에서 조우하는 자연의 바람과 빛과 색감들은 무디어진 몸의 감각들을 섬세하게 건드린다.

다음 전시실은 신발도 벗고 서로에게 의지해 어두운 통로를 지나야 한다. 벽면 따라 더듬더듬 찾아간 캄캄한 방엔 사각 프레임이 기다렸다. 프레임 안으로 팔을 뻗으면 텅 빈 공간이다. 쐐기 모양 빛의 장막과 선들로 인해 마치 빛으로 가득 찬 무한대의 공간 같은 환영을 만들어 낸다. 빛으로 가득한 비움이라는 역설적인 상황을 연출한다. 우리에게 빛이란 어떤 존재일까. 〈하늘 공간〉과 〈지평선의 방〉에서 만났던 자연의 빛과 달리 〈웨지워크〉란 인공 빛의 공간은 낯설고 생경하다. 이미 인공조명에 익숙해지고 길들여진 삶인데도 막연히 다가오는 불안의 실체는 무엇일까.

마지막 공간은 완전한 영역을 뜻하는 〈Ganzfeld〉다. 이 작품 역시 빈 공간에 밝은 핑크빛 스크린이 벽에 걸려 있다. 도슨트는 마술 부리듯 관람자들을 평면처럼 보이는 스크린 안으로 안내한다. 스크린 속은 살구빛으로 가득한 몽환적인 공간이다. 몸이 무중력 상태에 있는 듯 정신이 혼미해진다. 포근하고 아늑하다. 움직일수록 끊임없이 다채롭게 변하는 밝은 빛. 막연한 불안 가운데 천천히 드러나는 공간의 윤곽들. 더딘 걸음으로 빨려들다 멈칫 벽이 사라진 경계와 만나는 순간 조심하라는 충고가 날아온다. 정말 안쪽 끝은 벽 없는 허공이었다. 크레바스처럼 어둡고 깊다. 착시와 환영으로 가려진 혼미한 공간에 대한 두려움이 공포로 바뀐다. 식은땀으로 등이 축축하게 젖었다. 밖으로 나오니 하늘은 여전히 맑고 바람은 시원하다. 완전한 영역은 불완전한 영역이었다.

'간츠펠트Ganzfeld'란 인간의 시야를 모두 차단한 뒤 어떠한 시각적 자극도 주지 않으면 뇌가 내부에 거짓 신호를 만들어서라도 절대적인 감각 박탈이 일어나지 않도록 만든다는 심리학적 효과를 이르는 말이다. 인공적인 빛의 프레임에 갇힌 시각, 그리고 그 감각이 내리는 판단과 결정들. 완전하다고 믿는 그 사고들이 얼마나 우리들을 불완전한 영역에 머물도록 하는 걸까. 그건 바로 내가 서 있는 자리, 경계를 잃어버린 삶과도 닮았다는 생각이 든다. 평소 늘 마주하는 공간과 빛, 숨 쉬듯 익숙해진 그 영역들이 무척 낯설게 느껴진다.

"우리 눈에 보이는 것이 전부는 아니다."

제임스 터렐이 이 작품을 만들면서 남긴 말이다. 우리 몸의 감각 중 가장 명확하다고 믿는, 안전하다고 믿는 시각조차 불완전한 영역에 속한다는 진실이 가볍게 떠나온 여행에 긴장감을 부여한다.

다시 물의 정원으로 돌아와 동행과 커피를 마신다. 잔잔한 듯 보이나 물의 표면은 끊임없이 잔물결로 찰랑댄다. 삶도 그렇지 싶다. 고요한 듯하나 잠시도 고요한 적 없는. 완전한 듯하나 한순간도 완전한 적이 없는.

노란 모과를 자황빛으로 물들이며 석양이 진다. 이파리 하나 툭 물 위로 떨어지며 파문을 일으킨다. 묵묵히 바라보는 마음으로 물무늬가 흘러든다.

가을을 앓다

십일월은 바람에 민감해지는 시간이다.

슬쩍 돌아나가는 바람에도 마른 잎 흩어지고 갈꽃 출렁댄다. 은어처럼 햇빛에 반짝이는 억새들은 물 마른 잎을 부비며 늦은 가을의 소리를 빚는다. 콘트라베이스 닮은 고요하고 낮은 소리. 무심천 건너온 바람은 줄을 튕기듯 도심을 지나며 속도가 빨라지고, 공원 은행나무를 흔들고 목덜미 스쳐갈 즈음이면 절정에 다다른 듯 마음의 촉수를 건드린다. 꽁꽁 감춰 놓았던 감정들이 출렁대기 시작한다. 덕분에 며칠을 앓았다.

일주일 고요하게 누워 있는 시간. 집안은 적막하고 전화기엔 단풍 든 마음 어쩌지 못해 콩 튀듯 여행 떠난 이들이 보낸 메시지가 차곡차곡 쌓였다. 은행잎 지는 아름다운 호숫가, 알록달록한 낙엽들이 물길 따라 흐르는 계곡, 햇볕을 쬐러 나온 자그마한 청개구리, 그리고 열매들. 가을이면 늘 만나는 풍경인데도 새롭고 아름다웠다. 살아있음으로 만나지는 모든 인연들에 감사했다.

잊을 만하면 한 번씩 앓아눕는 일이 고통스럽지만 한편으론 쉼표이기도 하다. 놓을 수 없을 것 같던 일도, 책도, 음악도 그리고 욕심도 내 의지와 관계없이 손을 활짝 펴 내려놓게 되는 시간. 감정의 동요 없이 사물을 있는 그대로 마주할 수 있는 시간, 숨은 마음이 비로소 모습을 드러내는 시간이기도 하다. 병의 근원을 찾아 내 삶을 다시 조율해보는 기회라 생각하면 가을에 병을 앓는 것도 나쁘진 않다.

창 열고 밖을 내다보면 잎을 떨굴수록 당당해지는 나무들의 속살이 보인다. 나무는 계절 따라 잎 피우고 열매를 키우고 때가 되면 또 놓을 뿐인데 정작 변화의 흐름을 받아들이지 못하고 호들갑 떨며 병을 앓는 건 나다. '왜?' 냐고 물으면 '가을 타나봐' 라고 핑계를 대지만 그리 우아한 병이 아님은 나 자신만 아는 일이다.

몸이 조금 가벼워질 무렵 전화 한통이 걸려 왔다. 둘째 시누이다. 총각무 뽑았다는 전갈. 순간 바람에 나뭇잎 구르듯 느슨해진 몸을 세웠다. 나무처럼 내게도 일년 갈무리 하는 시간이 지나는 중임을 잊고 있었다. 모두 다듬어 주신 덕에 일은 반 줄었지만 이미 저하된 체력으론 감당하기 고단한 일이었다. 절이고 씻어 양념 만들고 버무리느라 하루가 저물었다. 어느 종갓집 김치 담그는 법을 곁눈질 해

올해 총각무 김치엔 메주콩 삶아 곱게 간 콩물도 넣었다. 맛이 어떨지 기대감으로 설레는 노동의 시간이 행복했다. 고들빼기김치까지 담그고 나니 한밤중이다. 옛 사람들 곳간에 쌀 한 섬 들여놓은 기분이 이러했을까, 몸은 물먹은 솜처럼 무겁고 고단했지만 마음만은 안도감이 들며 생기가 돌았다.

그렇게 다시 시작이다. 물러지고 느슨해진 몸과 마음 줄 세우고 이젠 내 삶의 한해를 추수해야 할 때.

그래도 문득 그립다. 낙엽 밟는 소리가 전화기 저편에서 들려오던 그 가을날의 기억이.

이번 주말엔 그리 가을의 소리를 즐기러 늦은 여행을 떠나봐야겠다. 가을에 앓는 병 때문이 아니라 나무처럼 단단하고 튼실한 내면을 위하여.

흐르는 물처럼

깊은 강

이른 아침 길을 나선다. 일찍부터 출근차량으로 밀리는 시내 병목 지점을 벗어나 시외로 들어서면 녹음이 시원하다. 엷은 안개 속으로 햇살이 부드럽게 스며들며 푸른 숨 깨우는 길. 살피꽃밭 키 작은 칸나와 서광 맨드라미들이 다정하고 평화롭다.

라디오 볼륨을 조금 높인다. 매리언 앤더슨 〈깊은 강 Deep river〉이 흐른다. 오랜만에 듣는 그녀의 노래, 독특한 콘트랄드 저음이 마음 갈피마다 진한 무늬를 그린다. 심금 울리는 목소리에는 고단했던 삶이 묻어 있다. 워싱턴 컨스티튜션 홀에서 리사이틀 하기로 했다가 흑인이라는 이유로 공연 취소를 통고받자 링컨 기념관 광장에서 야외 연주로 항의했던 그녀. 인종차별과 싸우는 가시밭길을 걸어야 했기에 그녀가 부르는 흑인 영가는 고통을 풀어내는 고백이며 저항이다.

매리언 앤더슨은 6.25 전쟁 당시 미군을 위문하기 위해 부산을 방문한 적이 있다고 한다. 혼란한 시대 임시 만들어진 학교운동장 가설무대에서 이민족의 아픔을 함께 했던 그녀. 역사에서 소외되고 원치 않는 전쟁에 휘말려 부산으로 흘러든 피난민들에게는 매리언 앤더슨의 노래가 잠시나마 신산한 삶을 잊게 했는지도 모르겠다. 〈깊은 강〉은 그때 부른 노래 중 하나지만 어느 무대에 서건 빠뜨리지 않고 불렀던 그녀의 애창곡이다.

노래가 끝날 즈음 갑자기 거센 바람과 함께 소나기가 내리기 시작했다. 와이퍼가 정신없이 좌우로 빗물을 쓸어내리는 사이 시야를 놓치지 않으려고 어깨에 잔뜩 힘이 들어간다. 물안개가 피어올라 몽몽하다. 어지럽다. 고속으로 달리던 차들이 비상 깜박이를 켜고 서행한다. 나의 시간도 그 흐름에 맞추어 느리게 흐른다.

물안개에 젖은 풍경은 한걸음 뒤로 물러나며 수묵화를 그리는데 경계 밖 다른 세상인 듯 달맞이꽃만이 환하다. 위태롭게 휘청거리면서도 희망의 이정표처럼 빗속에 젖고 있다. 뙤약볕 지글 지글 끓던 대지 위로 퍼붓는 비는 인간의 욕망이 빚어낸 참화로 고통 받는 이들에게 보내는 위로 같다. 더는 참을 수 없는 하늘이 쏟아 붓는 물줄기. 하늘의 고통과 꽃의 고통이 만나 그려내는 하모니가 매리언 앤더슨의 노래만큼이나 당당하다.

안도현 시인은 「꽃」이란 시에서 노래했다.

바깥으로 뱉어 내지 않으면 고통스러운 것이
몸속에 있기 때문에
꽃은, 핀다

…

살아남으려고 밤새 발버둥을 치다
입안에 가득 고인 피
뱉을 수도 뱉지 않을 수도 없을 때
꽃은, 핀다

— 안도현 시 「꽃」

세상에 고통 없이 생겨난 게 있을까?

매리언 앤더슨의 고통은 노래가 되었고 꽃으로 피어난 고통은 열매를 맺는다. 사람의 고통은 밖으로 나오면 무엇이 될까? 자고나면 곳곳에서 터져 나오는 우리 사회의 신음 소리. 발버둥 치다 담아두기 고통스러워 절로 흐르는 피. 곪은 상처들이 지뢰처럼 터지며 지구촌은 절규로 가득하다. 마음이 신산하다. 시인의 노래처럼 아픔이 꽃으로라도 필 수 있다면 행운이겠다. 진실도 규명되지 않은 채 아직도 돌아오지 못하는 세월호 가족들의 고통은 차마 꽃이 되지 못할 것이다.

생각이 꼬리를 무는 사이 구름 걷히며 햇빛이 쏟아졌다. 들판에서 강렬한 빛들이 튕겨 오른다. 물꽃 핀 듯 눈부시다. 서서히 차들이 속도를 높인다. 물을 가르며 덤프트럭이 고속으로 앞서 간다. 눈앞이 어두워지며 휘청 차가 흔들린다. 달맞이꽃도 나도 허리를 꼿꼿하게 편다.

'Deep river my home is over jordan ~' 을 중얼거리며 엑셀을 밟는다. 바퀴에서 전해지는 물가름 소리가 시원하다.

역사 그리고 기억

안방 문을 열면 키 낮은 책꽂이가 묵직하게 느껴진다. 남편이 소식지들을 모두 정리하고 집안 족보들을 꽂아놓은 것. 어둡고 낡은 기록들이 길게 늘어선 책꽂이. 오래 묵은 종이냄새가 마음을 흔든다. 남편은 족보들을 쳐다보며 흐뭇한 모양인데 나는 막연한 의무감으로 마음이 무겁다.

지난 일요일. 시댁 벌초가 있었다. 예전엔 산지기가 있어 시사와 벌초까지 큰 고민이 없었는데 몇 해 전 그만둔 뒤로 마땅한 사람을 구하지 못했다. 덕분에 육촌에 칠촌 조카까지 참여하는 벌초는 가장 큰 집안 행사가 되어 버렸다. 남자들이 벌초하러 간 사이 모처럼 만난 여자들은 점심 준비하는 틈틈이 밀린 안부도 물으며 오랜 회포를 푼다. 덕분에 자주 만나지 못하는 먼 조카들 근황까지 세세히 듣는다. 일 년에 두어 번 이런 만남이 참 좋다. 그러면서도 한편으로 걱정하는 마음이 드는 건 벌초에 참여하는 젊은이들이 없다는 사실이다. 올해도 공부하느라 혹은 직장 사정으로 젊은 조카들이 불참한 자리를 머리 하얀 어른들이 채웠다. 가장 젊은 사람이 오십대 중반인데 그도 둘 뿐이다. 예초기를 싣고 떠나는 뒷모습 바라보기가 애잔하다.

그런데 벌초 끝난 뒤 일이 생겼다. 한 해 한 해 기력이 쇠잔해지시는 육촌 아주버님께서 쇼핑백을 여러 개 차에서 내려놓으셨다. 족보였다. 방대한 대동보는 강아지 졸던 한가한 시골 마당 안 가득 긴장감을 풀어놓았다. 누구도 선뜻 가져간다고 나서는 사람이 없었기 때문이다. 어색하고 무거운 침묵을 깬 건 남편이었다. 결국 안동김씨 긴 세월의 기억은 우리 집에 자리를 잡았다.

결혼 전 처음 인사 드리러 간 자리에서 시아버님은 내게 본관이 어디냐고 물으셨다. 그리곤 족보를 열어 남편 이름 옆에 메모지를 붙이셨다. 새로운 공동체 속으로 들어가는 그 자리가 내겐 의아하고 낯설기만 했는데 그렇게 족보로 묶인 가족들은 지금까지 집안 대소사 때마다 따뜻한 울타리가 되어 주었다. 족보란 그렇게 지나온 세월의 발자국이기도 하다.

족보를 보면 해당 씨족 중 맨 꼭대기에 있는 시조는 역사상 이름난 인물이다. 어떤 학자는 시조가 처음부터 존재했던 것이 아니라 오랜 세월이 흐른 뒤 후손들이 추대해 넣은 인물이라고 정의한다.

본관이 된 지역에 먼저 자리 잡은 일족이 있더라도 시조가 되는 행운을 누린 사람은 단 한 사람이라는 뜻이다. 한 성씨의 역사를 기록한 문서로 지금은 단순히 연척 관계를 보여주는 기록의 의미를 갖지만 과거에는 양반 지배층 특권을 보장해주는 역할을 하기도 했던 게 족보다. 그러다 보니 조상을 미화시키고 위보僞譜를 만드는 폐단도 많아 역사적 사료 가치가 없다고 본다. 한편으론 비록 허상과 실재가 혼재하는 기록이라도 당대 사회현상을 반영하고 정체성을 대변하는 문화적 기억으로 되살려야 한다는 주장도 있다. 철저한 부계중심 기록이기에 남아선호사상의 근원으로 비판 받았던 족보는 호주제 폐지로 의미를 잃었다고 볼 수 있다.

멕시코 치아파스에서 전해오는 이야기에 의하면 옹기 장인이 늙어 더 이상 일 할 수 없게 되면 생애 최고의 걸작을 처음 옹기 일을 시작한 젊은이에게 선물한단다. 젊은이는 그 걸작품을 땅바닥에 내팽개친 뒤 흩어진 조각들을 주워다 자신의 흙뭉치에 섞어 넣는다. 에두아르노 갈레아노는 이것이 그가 추구하는 역사요 기억이라고 했다. 조상들의 삶과 후손들의 기억이 나란히 섞이어 만들어가던 역사인 족보. 변화하는 현대 문명과 가치 속에서 갈 곳 잃어버린 기억들. 후일 족보의 운명은 어떤 길을 걷게 될까?

남편은 가끔 족보를 펼쳐놓고 선대를 거슬러 오르며 조상들의 삶을 읽는다. 어떤 집안에서 양자를 들였는지, 어느 집안과 연을 맺었는지 어떤 벼슬을 했는지 집안에 누가 장수 했는지. 가끔 시사 축문을 쓰기도 하고 여전히 종친회 일에 관심 갖고 있다. 곁에서 그 모습을 지켜볼 때마다 쓸쓸하다. 남편은 족보가 의미 없는 시대, 과거와 현재 사이에서 딜레마에 빠진 마지막 세대가 될지도 모른다. 내 아이들은 족보를 어떤 마음으로 대할까. 숙제를 받은 듯하다.

우리는

날이 흐렸다. 공항은 한적하고 쓸쓸했다. 비수기라 관광객 적은 탓도 있지만 무채색 건물이 주는 차분함과 입국 심사 직원들의 무표정이 분위기를 낮게 가라앉히고 있었다. 다소 건조하고 차가운 공기가 막연한 불안감을 더해주는데 붉은 색 버스가 반가웠다. 분위기에 전염된 우리들은 피켓 든 가이드를 따라 조용히 버스에 올랐다. 이십 년 지기들이 벼르고 별러 떠나온 곳이 중국 장가계다. 일정에 맞추다보니 겨울 여행이 되어 버렸다.

이번에도 역시 여행사 가이드는 길림성 연변에서 온 조선족 남성이다. 말끝이 둥글게 말려들어 어눌하지만 편안하고 따뜻하게 느껴졌다. 버스 안에서 그는 여행일정을 설명하고 행선지에 얽힌 이야기들을 들려주는 사이사이 조선족의 삶을 풀어놓았다. 그들 대부분은 일제 강점기, 굶주림과 폭압을 피해 떠나오거나 강제이주정책으로 정착하게 된 이들의 후손이다. 소수민족 중 유일하게 대학교가 있음에 자부심과 긍지를 갖고 살아간다 했다. 문득 작년 여름 계림에서 만났던 가이드가 궁금했다.

작고 까무잡잡한 얼굴. 얇은 눈꺼풀 아래 살짝 치켜 올라간 눈초리가 날렵하던 그. 부드러운 웃음을 머금은 듯하나 일행을 둘러보는 예리한 눈빛과 등산복 바지 속에 감춰진 팽팽하고 단단한 종아리, 적당한 유머를 구사할 줄 아는 유창한 우리말은 노련한 가이드임을 느끼게 했다. 한국에서 열심히 일해 모은 돈으로 계림에 아파트를 장만했다고 했던가. 그 역시 연변에 아내와 딸을 두고 온 기러기 아빠였는데 그렇게 헤어져 살게 된 사연이 인상 깊어 가슴에 묵직하게 남아 있다.

아내는 관광 상품 매장에서 근무했는데 아이 교육이 고민이었다. 계림에는 조선어 가르치는 유치원도 학교도 없다보니 한족 유치원에 보낼 수밖에 없었다. 그러다 보니 할아버지가 전화 해도 손녀와 조선어로 대화가 되지 않았다. 할아버지는 조선어를 잃어버리면 희망이 없다고 했다. 결국 아버지 성화에 못 이겨 아내와 딸을 연변으로 보내 아이가 우리말을 완전히 익힐 때까지 그곳 조선어 학교에 보내고 있다고 했다. 한 달에 한번 아이 얼굴을 볼까 말까한 기러기 아빠로 살아가면서도 우리말 지키려 애쓰는 그들의 노력이 깊은 울림을 주었다.

그는 젊은 사람들이 한국으로 혹은 관광지로 일자리를 찾아 떠나고 연로한 노인들과 어린 손주들만 남아 있는 연변의 현실을 걱정했다. 물질적으로 풍족하나 부모교육을 받지 못한 아이들의 바르지 못한 인성이 점점 사회문제가 되고 있다고. 게다가 한족 언어교육을 강화하는 중국의 교육정책 때문에 십 년 후면 과연 조선어 할 줄 아는 교포들이 얼마나 될까 결국 중국화 될 거라고 고민을 털어놓았다.

환경은 다르지만 편법을 써서라도 외국인학교에 보내려 애쓰고 교육이라는 명목 하에 일찍 선진국으로 유학을 보내 어른이 되어서도 한국어를 제대로 못하는 자녀들이 많은 우리 사회와 비교가 되었다. 그들이 그토록 지키고 싶어 하는 우리말은 점점 순수함을 잃어가고 있다.

조선족 가이드들이 공통으로 쓰는 말이 있다. '우리 민족' 이다. 소수민족으로 살아가는 그들에게 한국은 우리였다. 그런데 정작 우리는 그들을 기억하지 않는다. 어쩌다 한국에서 일자리를 얻어도 편견에 가려 낮춰 보고 차별한다. 다문화에도 한국인에도 끼지 못하는 이방인이다. 한중 수교로 인해 다방면으로 진출할 기회를 얻긴 했지만 한편으론 성공한 조선족 중엔 신분을 감추고 아예 조선어를 지우려는 사람도 있단다. 중국에서 조선인은 여전히 소수민족으로서 발언권이 약하다보니 철저하게 중국인으로 살아가는 것이 훨씬 유리한 셈이다.

그들이 조선족 공동체로 정체성을 잃지 않고 당당하게 주류사회로 진입할 수 있도록 우리가 적극적으로 힘을 보태야 하지 않을까. 중국의 아름다운 자연경관을 둘러보면서도 그들의 고민이 내 안으로 스며들어 마음이 무거웠다. 한민족이라고 세심하게 배려해주던 가이드. 공항에서 이별의 섭섭함도 잠시 뿐 다음 여행객을 맞기 위해 부지런히 출구를 빠져나가는 그의 뒷모습에 대고 성공하라는 인사를 보냈다.

설날 멀고도 먼 여정 길림성 연변 고향으로 떠날 조선족 가이드들에게 꿈꾸는 대로 이루는 새해가 되길 진심으로 바란다.

가게를 이전 했습니다

며칠째 아파트 엘리베이터 안에 광고 한 장이 붙어 있다.

'먹고 살기 위해 가게를 이전 했습니다'

싸인펜으로 쓴 손 글씨는 줄이 맞지 않는다. 글자 크기도 들쭉날쭉하다. 오래 펜을 떼지 못한 듯 마지막 글자 'ㅏ'획에 검은 잉크가 눈물처럼 번져 있다. 흔들리는 문장 아래 서툴게 그려진 약도는 큰길과 작은 길이 한가지로 보인다. 한길 가에 있던 미용실이 골목 안으로 들어간 모양이다. 파마요금 50% 할인 안내도 있다. 자세한 사정이야 알 수 없지만 상황은 짐작이 간다. 미용실도 전문성 갖춘 유명 헤어디자이너를 중심으로 한 대형프랜차이즈 업체들이 지점을 늘려가며 차별화된 서비스와 공격적 마케팅으로 고객을 확보해가고 있다. 경영이 어려워진 동네 미용실들은 프랜차이즈업체에 가입하거나 시설을 개선 해서라도 경쟁력을 키우려 안간힘이다. 하지만 재

정적으로 열악한 소규모 영세업자들은 소리 없이 더 깊은 골목으로 밀려날 수밖에 없다.

나는 아파트 주변 미용실에서 머리손질을 한다. 염색 하거나 머리 끝을 정리하는 정도지만 늘 반갑게 맞아주는 미용사가 고맙다. 오랜 단골이 되고 보니 별다른 설명 없어도 알아서 머리 손질을 해준다. 덕분에 꺼려지던 미용실 수다도 편안해졌다. 낯선 손님끼리 풀어놓는 시대의 불안과 고독, 고만고만한 삶들이 껴안은 걱정들에 공감하고 위로하는 자리가 따스하다.

고집스럽게 긴 머리를 고수하는 내게 가끔 주변에서 좋은 미용실을 소개하곤 한다. 사실 긴 머리를 고집하는 게 아니라 어쩌지 못한다고 해야 옳다. 더우면 질끈 묶으면 되고, 파마 한번 하면 그럭저럭 일년은 버틸 수 있다. 편안하기도 하지만 솔직히 어떤 헤어스타일이 개성적인 나를 표현할 수 있는지 알지 못한다. 친구 따라 강남 간다고 한두 번 유명 미용실에도 따라가 보았지만 특별히 맘에 드는 것도 아니고, 세련된 스텝들이 나를 가만두지 않는 것도 불편하다. 머릿결이 부드럽지 않다거나 하는 이유로 이런 저런 패키지들을 권하는데 거절하기란 쉽지 않다. 분위기에 휩쓸려 고개 끄덕이다보면 머리 파마 하는데 고액을 지불해야 한다. '내가 미쳤나봐' 계산하면서 후회하는 친구를 보며 예쁘다고 할 수밖에 달리 표현할 말이 없다. 실제로 예쁘기도 하다. 파마 웨이브가 우아하고 머릿결도 훨씬 좋아

보인다. 하지만 내키지 않는다. 무언가 불편하다. 고액을 들여 머리 손질을 하고 누구는 후회하며 가계를 걱정하지만, 누구에게는 품위를 유지하는 자연스러운 일상 일게다.

왠지 요즘은 품위 있는 사람이 따로 존재하지 않는 것처럼 느껴진다. 품위를 유지할 수 있는 능력이 있느냐 없느냐에 따라 나뉠 뿐. 그리고 그 능력은 대부분 경제력에 기반한다. 자본주의 사회에서 돈은 품위를 높여주고 권력을 만든다. 수십만 원짜리 머리 손질도 나름 모두 까닭이 있다. 그런데 가끔은 자본에 물들어 버린 우리 가치관에 고민 한다.

언젠가 인터넷에서 '세계 각국 중산층의 기준' 이란 글을 보고 씁쓸했던 기억이 난다. 옥스퍼드대에서 제시한 영국 중산층 기준은 '페어플레이를 할 것, 자신의 주장과 신념을 가질 것, 독선적으로 행동하지 말 것, 약자를 두둔하고 강자에 대응할 것, 불의 불평 불법에 의연히 대처할 것' 을 예로 들고 있다. 그런가 하면 프랑스 퐁피두 대통령은 '삶의 질' 에서 외국어, 스포츠, 악기를 하나씩 즐길 줄 알아야 하며 '공분에 의연히 참여할 것' 과 '약자를 도우며 봉사활동을 꾸준히 할 것' 을 척도로 정했다. 미국 공립학교에서 가르치는 중산층 기준은 '자신의 주장에 떳떳할 것, 사회적인 약자를 도울 것, 부정과 불법에 저항할 것' 이라는 내용이 포함되어 있다. 더불어 '테이블 위에 정기적으로 받아보는 비평지가 놓여 있을 것' 이라는 항목이 인상적이었다. 하나같이 중산층의 사회적 역할과 문화적 인식을 중요시 여기고 있다.

그런데 직장인을 중심으로 조사한 한국의 중산층은 소유한 아파트 평수와 월급, 자동차 크기, 해외여행 여부 등 처음부터 끝까지 시선을 의식한 부의 척도에 기준을 두고 있다. 물론 이런 인식을 서구사회 기준과 비교하여 부정적으로만 볼 수 없다는 걸 안다. 옳고 그름을 따지기 전 가치관의 다름이라는 것도. 그리고 우리 사회도 서서히 변화하고 있다. 자발적 가난을 실천하고 사회봉사에 헌신하여 귀감이 되는 이들도 많다. 하지만 여전히 근본적인 변화의 속도는 더디기만 하다. 적선과 자선이 없는 세상은 요원하게 느껴진다.

윌리엄 펜은 '자신이 넉넉히 가졌음을 아는 이는 극히 적은데 그것을 어떻게 사용할지 아는 이는 더욱 적다' 는 말을 남겼다. 심금을 울리는 말이다. 가치 있는 소비의 기준은 무엇일까. 물질적 욕망과 타인의 시선으로부터 자유로운 삶이 진정으로 품위 있는 인생이라 생각 한다.

연말이라 그런지 미용실 광고에 유독 마음이 쓰인다. 이전한 자리가 행운이었으면 좋겠다. 오늘은 핼쑥해 보인다고 파마라도 하라는 주변 잔소리 때문이라도 미용실에 가봐야겠다. 내겐 그저 익숙해져서 편안한 동네 미용실.

빨간 립스틱

지루한 장마 뒤 따갑게 쏟아지는 햇살이 은혜롭다. 한낮의 열기에 슬쩍 묻어오는 선선하고 상명한 바람도 기분 좋다. 서늘한 기운 짙어지기 전 어서어서 만물이 탱글탱글 영글기를 기도한다.

올해 내게 가을은 마음보다 몸으로 먼저 스며든다. 입술이 자주 마르고 튼다. 평소 바르던 립스틱이나 보호제를 발라보지만 효과는 잠깐이다. 신경이 쓰인다. 어디 아프냐며 얼굴 창백하다 소리 듣는 일도 잦아졌다.

화장품회사 직원이 올 가을 유행이라며 빨간 립스틱을 권한다. 생기 있어 보이려면 빨간 입술이 최고란다. 보습기능에 자외선 차단 효과가 있다니 마음이 흔들린다. 매끈한 립스틱 고혹적인 빛깔을 발라본다. 무채색 얼굴에 물랭루즈 여배우 같은 입술만 낯설게 떠 있다. 강렬하다. 괜찮다고 훨씬 발랄해 보인다고 달콤한 말들이 귀를 간질인다. 하지만 뜨거움이 영 낯설다. 자신 없다.

빨간색을 지우고 평소처럼 약간 어둡고 부드러운 핑크빛 립스틱을 바르니 비로소 마음이 편안해진다. 그러면서도 한편으론 립스틱 하나로 생생한 사람이 될 수 있고, 예뻐지고 발랄해질 수 있다면 모험 한번 해보는 것도 나쁘지 않겠다 미련이 남는다.

립스틱만 발라도 분위기를 바꿀 수 있다는 것이 립스틱 효과다. 원래 립스틱 효과는 대공황기인 1930년대 미국 경제학자들이 만든 용어다. 불황으로 소득이 줄었을 때 돈을 최대한 아끼면서 품위유지하려는 태도를 말한다. 여성들이 비싼 옷이나 고가 제품 대신 비교적 저렴한 비용을 들이면서 화려한 화장으로 미적 욕구와 사치심을 충족하려는 심리다. 비싼 화장품 대신 사람들에게 노출이 쉬운 립스틱만 사용해도 명품 애용하는 사람으로 보이는 효과가 있다는 말이다.

최근 명품 쇼핑백이 날개 돋친 듯 팔린다는 이야기가 방송을 탔다. 명품 브랜드를 즐기고 싶지만 경제여건이 안 되니 쇼핑백으로 명품 즐기는 것처럼 보이기 위해서란다. 방송관계자가 지나는 행인의 명품 쇼핑백을 열어보니 달랑 머리빗 한 개와 휴대용 휴지가 들어 있었다. 웃음이 터졌다. 더 황당한 건 쇼핑백도 짝퉁이 있는데 그도 없어서 못 판단다. 어떤 브랜드를 선호하느냐에 따라 상대의 경제적 능력을 짐작하고 사람까지 명품일 거라 여기는 풍조다.

개인 능력으로 명품 즐기는 일에 사족을 달고 싶은 마음은 없다. 삶을 바라보는 잣대가 다르고 행복의 가치가 다르니까. 다만 명품으로 치장하는 외면에 어울리게 내면도 명품이었으면 좋겠다.

립스틱 효과가 아니어도 뜨겁고 생생한 모습이 되려면 어떤 노력을 기울여야 할까 고민한다. 속 깊이 익어가는 햇과일처럼 달달하고 향긋한 사람냄새 배인 명품이 되려면 말이다.

구름에 가린 달

못비 내리니 들에는 논물이 찰랑찰랑하다. 물기 머금은 들판은 더운 김 오르며 부산한데 빗속을 건너오는 바람이 습습하다. 이런 날이면 보고 싶은 친구가 있다. 활달한 성격과 달리 다구를 갖추고 정갈하게 앉아 차를 즐기는 취미가 있다.

그녀를 생각하면 늘 어느 겨울 금수산 가던 길 여정이 함께 떠오른다. 안부 차 들렀던 수산에서 그녀 지인에게 말차를 대접받은 기억은 엊그제인 듯 생생하다. 다소곳이 앉아 차를 다루는 주인 손길도 정성스러웠지만 짙은 흙빛 다완과 연두 빛 말차가 빚어내는 아름다운 조화에 가슴이 두근거렸다. 그때 나는 사실 차보다 다완에 마음이 가 있었다. 구연부가 자연스레 안으로 오므라진 다완은 모래가 섞인 흙의 까칠한 질감이 투박하면서도 따뜻하고 편안한 느낌을 주었다. 차가 식는 줄도 잊은 채 눈 맛을 즐기는 내게 친구가 귓속말을 했다. 그 다완은 세상에 하나뿐인, 값 매길 수 없는 귀한 사연을 품고 있다고. 낯선 내게 아끼는 찻잔을 내어준 주인에게 고마우면서도 한편으론 그 사연이 자못 궁금해 생각이 온통 찻잔에 쏠렸는지라 차 맛은 기억나지 않는다. 친구가 가까이 있다면 오늘 같은 날 우전차를 마시며 그 천성의 은은함에 젖어 볼 텐데….

마침 조선 찻사발 특별전이 열린다기에 한국 공예전시관에 갔다. '500년만의 귀향' 이란 부제가 보여주듯 이번에 전시되는 찻사발들은 조선시대 반출되었던 다완으로 대부분 일본에서 대대로 전해 내려온 족보 있는 전세傳世라고 했다. 사발의 고유한 빛깔과 배어든 찻물이 은은하게 어우러져 청초하고 단아해보였다. 그 중심에 일본 다인茶人들이 죽기 전에 한번 참배하는 게 소원이라는 '이도' 가 자리하고 있는데 임진왜란 당시 일본에 건너간 찻사발이다. 오랜 세월 다인의 마음자리를 담아온 흔적일까? 검박하며, 작은 균열조차 의미 있는 듯 자태가 도도해 보이기도 한다.

'이도' 는 십육야十六野라고 불리기도 한다. 십오야十五夜는 대보름을 뜻함이요, 십육야는 '보름을 지나 구름에 가린 달' 이라는 뜻으로 찻사발의 일부 수리된 부분을 아름다운 감상거리로 표현한 말이다. 생애 한번 뿐인 만남인 듯 차를 즐기던 그들의 문화를 짐작하고도 남음이 있다. 다인들은 차의 세련미를 거론할 경우 잔에 담았을 때 잔과 같이 어우러지는 물빛에 더 관심을 갖는다. 잔과 차茶의 본성이 일체를 이루는 모양을 눈으로 즐김이니 '보름을 지나 구름에 가린 달' 이 품었을 자태가 자못 궁금하기도 하다.

그런데 일본인들이 이리 귀하게 여기는 찻사발이 조선에서는 어떤 용도로 만들어졌는지 명확치 않아 명칭에 혼란이 있었나 보다. 서민들이 식기로 쓰던 막사발이라 불리기도 했는데 최근에는 제기祭器용으로 만들어졌다는 주장이 설득력을 얻으며 조선의 찻사발로 표기하고 있다. 만들어진 목적이 무엇이든 약탈자인 일본이 오히려 깊은 멋을 담아 두고 귀히 여김을 보면서 우리 것을 온전하게 보존하지 못한 역사가 안타까웠다. 일본은 임진왜란과 정유재란 때 끌고 간 수많은 조선 도공들을 이용해 차 도구를 만들어 막대한 부를 축적하였으며 그것은 근대화 기반이 되었다. 유리 진열장 안에 우아하고 품위 있게 앉아 있는 찻사발들이 그들에게는 권력을 존속시킨 상징물이요, 우리에게는 손가락 끝으로 흘러내린 도공들의 한과 눈물인 셈이다. 긴 세월 조선 흙의 물성物性을 간직해온 다완들이 지나간 역사의 아픔을 안은 채 바다를 건너와 전시장에 놓여 있으니 마음이 구름에 가린 듯 씁쓸해졌다.

서글픔을 뒤로하고 걸음을 옮기니 현대 도공들이 빚어낸 우리나라 다관들이 환하게 다가온다. 예술혼을 담기 위해 고립의 아픔을 삭였을 도공들 마음이 연꽃다관, 차꽃다관으로 피었다. 순백의 고요를 흔들듯 뾰족한 꽃잎들이 살짝 젖혀진 백자를 비롯해 태토와 용도에 따라 푸른빛, 자색, 흙빛을 띤 다완들이 다채로운 변화를 보여준다. 다완의 화려함만큼이나 차에 품는 인간의 욕망도 깊어진 건 아닐까 모르겠다.

문득 맑은 차의 정신을 지녔던 바이사오가 떠오른다. 부귀와 비천함에 차별 없는 인간평등의 실현과 삶의 진정한 가치, 화목의 묘미를 느끼는 것이 차의 정신이라며 말차법의 지나친 격식을 비판했던 바이사오. 그는 팔순을 넘기자 소장하고 있던 소중한 차도구들을 모두 불태우고 깨버린 뒤 자신도 화장해달라고 했다. 그릇과 함께 한 시대의 정신을 담아 쓰던 육신도 쓰임새 끝나면 깨끗이 사라지는 것이 아름답다 했던가. 새삼 격식과 형식에 얽매여 차를 즐긴답시고 겉멋 부리던 자신이 부끄러웠다. 차를 대하는 마음은 어디가고 고급 다구를 갖고 싶어 몸살을 앓지 않았나. 이런 전시를 계기로 외적으로만 팽창한 우리 차문화의 정체성을 찾는 계기가 되었으면 하는 바람을 품어본다.

여전히 부슬부슬 내리는 비를 보고 있으려니 친구가 몹시도 그리웠다.

'보름을 지나 구름에 가린 달을 눈으로 마시고 나오는 중' 이라고 메시지를 넣었더니 답이 왔다.

'비를 바라보며 친구와 차를 즐기고 싶은 날'

삐뚜름한 모델

긴 머리를 깡똥하게 묶은 여학생이 지나며 인사를 한다. 헐렁하게 걸친 티셔츠 아래로 올 풀린 청바지가 경쾌하다.

"참 예쁘지? 나는 요즘 아이들을 보면 참 예쁘면서도 미안해."

목례로 답을 하곤 엘리베이터 버튼을 누르며 언니가 말한다. 연구실 가는 길. 열린 문틈으로 보이는 낡은 책상과 빛바랜 벽이 오랜 시간의 흔적을 말해준다. 수많은 젊음이 그 책상에서 꿈꾸고 설레고 고뇌했으려니. 명랑한 수다가 흘러나오는 복도를 지나며 잠시 옛 풍경을 그려본다.

연구실은 주인 성품처럼 검소하고 소박하다. 믹스커피 밖에 없다며 언니가 찻잔을 내민다. 기분 좋은 달큰함이 느껴진다. 창밖 숲에는 아카시아 꽃무리가 하얗다. 송홧가루 때문에 닫아두었던 창을 여는 언니 얼굴에도 오월의 생기가 가득하다. 내주 있을 강의 자료를 만드는 중이라며 쑥스럽게 웃는다. 오랜 공무원 생활을 정리하고 즐겁게 중년을 즐기는 순한 여인인줄 알았더니 전사 같은 분위기가 느껴진다는 내 말에 등을 두드린다.

정말 그러려고 했단다. 책이나 보며 그간 직장에 매여 못했던 여행도 하고 신나게 즐겨보려 했는데 서울에서 대학에 다니는 막내딸 한마디에 인생이 바뀌었단다. 지방에서 서울로 유학 간 친구들은 대부분 아르바이트와 수업을 병행하며 고단한 삶을 견딘다. 꿈이 있기 때문이다. 그런데 누구는 부모덕에 명문대학에 들어가고 출석을 안해도 고학점 받는 현실에 좌절감 느낀다고 이런 세상에 살고 싶지 않다는 막내의 말에 머리를 한 대 얻어맞은 것 같았다고. 평범한 공무원으로 나라가 하는 일을 순진하게 정의로 믿었던 삶이 송두리째 흔들리더란다. 너무 부끄럽고 미안해서 남은 시간 희망 잃은 아이들을 위해 내가 무엇을 할 수 있을까 생각하다 그간 공부한 전공을 살려 공무원들 대상으로 강의를 시작했다고 한다. 이런 말도 안 되는 세상을 물려줄 수는 없지 않느냐고. 이 시대의 어른으로서 부모로서 무엇인가 해야 하지 않겠느냐는 언니의 말이 나를 부끄럽게 한다.

터키 작가 아지즈 네신의 작품 〈삐뚜름한 모델〉에는 개미, 물고기, 오리, 개 등 여러 동물 부모가 등장한다. 그들은 새끼들을 불러놓고 자신들을 모델 삼아 그대로 따르면 본성을 잃지 않을 수 있다고 당부한다. 새끼들은 부모의 삶을 본받아 그들의 종족다운 동물들로 자라났다. 그들의 부모들은 숨을 거둘 때 자식들을 자랑스러워했고 부모의 도리를 다했음에 안도했다. 사람인 부부도 자식들에게 자신들을 모델 삼아 열심히 살면 자연스레 인간다운 인간이 된다고 가르쳤다. 아이들은 부모를 고스란히 따라 부모 쏙 빼닮은 어른으로 자랐다. 그러자 부모는 자식들을 모아놓고 그들이 원하는 대로 자라주지 않았다고 지금까지 기울인 노력이 모두 헛되었다고 원망한다. 엄마 아빠를 그대로 따라했을 뿐이라는 아이들의 항변이 오래 가슴에 남는 이야기다.

우리 부모들은 전쟁의 참상으로 낙후된 환경에서 그 부지런함과 성실함으로 피폐해진 나라를 일으키고 자식을 가르쳤다. 그런데 자식들이 사는 세상은 성실함만으로 밥 먹을 수 없는 시대가 되어버렸다. 개발 독재 정치아래 근대화 길을 걸어오며 남북 간 지역 간은 물론 계층 간 갈등의 골이 깊어졌다. 원칙이 사라진 세상, 균형을 잃은 시대 앞에서 갈팡질팡 흔들리는 우리는 부모들처럼 열심히 살면 된다고 자신 있게 말할 수 없는 삐뚜름한 모델인 셈이다.

그래도 아직 희망은 있다고 언니를 가볍게 안아주고 나오는 길. 한 표를 부탁하는 목 쉰 소리가 바람결에 실려 온다. 오월 장미 대선. 우리들의 선택이 흙수저 금수저 논란 앞에서 좌절하는 아이들에게 조금이나마 희망이 되기를. 반듯한 모델이 되는 첫 걸음이 될 수 있기를 간절하게 기원한다.

치유

눈 내린 아침. 음반을 꺼낸다. 턴테이블에 엘피판을 올려놓으니 슈베르트의 〈겨울 여행〉이 흐른다. 황량한 겨울 거리를 방황하는 젊은이, 그 쓸쓸한 여정을 따라가는 피셔 디스카우의 중후한 바리톤 음성이 심금을 울린다. 오래된 엘피판에서 가끔씩 끼어드는 잡음이 뮐러의 속삭임인 듯 가슴으로 녹아든다. 어제는 어디서부터 시작된 건지 알 수 없는 통증이 온몸으로 퍼져 하루를 무력하게 누워 보냈다. 만사가 귀찮고 나른한 아침, 여전히 머리는 개운치 않다. 그래도 음반을 걸고 나니 생기가 돈다.

가을에 만들어둔 국화차를 꺼내어 뜨거운 물을 붓는다. 노란 꽃잎이 동동 떠오른다. 향긋하다. 따스한 찻물이 목안으로 넘어가며 한결 가볍다. 나만의 치유법이다.

오늘처럼 몸이 무거울 때나 삶에 부대낄 때 이따금 훌쩍 떠나고 싶을 때가 있다. 광고에 등장하는 아름다운 올레 길을 걷고 싶고 저렴한 비용에 다녀올 수 있는 해외여행에 마음이 흔들린다. 하지만 쉽지 않다. 빼곡한 수업 탓에 마음가는대로 즐기기란 엄두도 낼 수 없다. 그러다 보니 틈새 시간 음악을 들으며 차 한 잔으로 마음을 추스른다.

요즘은 해외여행도 일상이 되었다. 여행자가 많다는 건 경제적으로 여유로워진 까닭도 있지만 마음 다스리는 자기계발서가 베스트셀러에 오르는 현상과도 무관하지 않은 듯하다. 경쟁사회에서 치열하게 살다보니 마음 헛헛해지고 고독해지는 사람들이 늘고 있다는 의미이기도 하다. 그 틈새시장을 공략하는 것이 힐링 사업 아닐까 싶다.

모 방송에서 시작된 힐링은 먹거리로부터 주거환경, 템플스테이, 이벤트 상품까지 열풍이 되었다. 독서에도 놀이에도 음악에도 테라피, 힐링, 치유라는 단어가 따라 다닌다. 그만큼 건강한 삶에 관심이 많아졌다는 생각도 들지만 한편으론 씁쓸해지는 걸 숨길 수 없다. 사실 힐링 문화를 체험하는 데 고급화될수록 상당한 비용을 지출해야한다. 비슷한 문화를 공유하며 관계 유지하는데도 경제적 지출 없이는 불가능한 세상이 되었다. 그러다보니 관심에서 소외되는 사람도 늘고 있다. 어두운 곳은 더욱 어둡고 깊어져서 보이지 않는다. 소외계층은 경제적 어려움에 외로움과 고독까지 겹쳐 더욱 고통스럽다.

개인 능력차도 있지만 빈곤은 사회의 구조적 모순에서 온다. 신문 사회면에서 보았던 기사, 퇴근 후 동료들과 즐기는 취미 생활도 비용지출이 부담스러워 그만두고 자취방에서 홀로 여가시간을 보낸다는 청년 이야기가 머릿속에서 지워지지 않는다.

치유조차 또 다른 소외계층을 만들어내는 현실이 안타깝다. 직장에 매인 사람들, 몸이 아픈 사람들, 외국인 노동자들, 외로운 노인들, 경제적으로 어려운 사람들 모두 함께 참여하고 즐길 수 있는 힐링 프로그램이 있으면 좋겠다는 생각을 한다. 연말을 맞아 일시적으로 열리는 행사가 아닌 지속 가능한 프로그램 말이다.

어느새 거리의 악사가 떠난 〈겨울 여행〉은 멈추어 있고 지붕 위 눈들이 녹고 있다. 갑자기 뚝 떨어진 기온이 걱정스럽다. 나눔으로 서로에게 힐링 되는 그런 연말이 되었으면 좋겠다.

다시 열다

깊은 잠에 들지 못하는 날이 늘었다. 낮잠도 없는 편이라 무척 고통스럽다. 피로 쌓인 눈꺼풀이 무겁게 내리덮이는데도 잠자리에만 누우면 정신이 맑아진다. 가끔은 일어나 책을 보기도 하지만 다음날에 대한 부담감 때문에 다시 눕곤 한다. 옆 사람 깰까봐 뒤척이지도 못하고 곁눈으로 시계만 훔쳐본다. 도시의 밤은 잠이 없다. 문을 닫아도 희미하게 들려오는 앰뷸런스며 오토바이 소음들이 불규칙한 리듬을 만들어 낸다. 그 소음들 사이사이 끼어드는 상념들로 어지러운 가운데 전자시계 숫자가 하나씩 더디게 오름을 지루하게 지켜보다 창으로 희붐하게 스며드는 새벽을 맞는다.

어린 날에도 잠자리가 바뀌면 잠을 설치곤 했다. 겨울방학이면 으레 시골 큰댁에서 사촌들과 들로 산으로 쏘다니는 즐거움에 시간가는 줄 몰랐다. 계집애가 따라다닌다고 오빠들은 어떻게든 떼어놓으려 했지만 눈치와 고집으로 꿋꿋하게 꽁무니를 놓치지 않고 끼어들어 놀다보면 고단했다. 아궁이에 타던 장작이 잉걸불로 잦아들 무렵 건넌방에 고단한 몸을 누이면 등이 따끈따끈해지며 안온했다. 그런데도 잠이 오지 않았다. 어둠이 깃든 방. 이불 들썩이면 사촌이 깰까 봐 눈동자만 데굴데굴 굴리다보면 고구마를 저장해 놓은 통가리마저 어둑서니가 되어 가슴이 콩닥거렸다.

시골의 밤은 칠흑같이 어둡고 길었다. 달이라도 뜨면 창호지에 어른거리는 참나무 그림자가 옛이야기 속 귀신으로 바뀌고 문풍지 우는 소리는 귀를 쫑긋하게 만들었다. 어둠 속 끝없이 꼬리 물고 이어지는 두려움으로 속눈물 날 무렵 희미한 여명 속에서 들려오던 소리.

'꼬끼오~'

기세 있게 홰를 치며 어둠을 여는 수탉의 울음소리는 한껏 긴장되었던 심신을 날짝지근하게 만들었다. 곧이어 귀에 익은 큰아버지 고무신 끄는 소리가 주변 소리들을 하나씩 깨우기 시작한다. 여물을 쑤기 위해 가마솥뚜껑 여는 소리, 싹싹 솥 가시는 소리에 기분이 좋아지면 밖으로만 모아져 있던 귀가 비로소 닫히며 늦은 잠 속으로 깊이 가라앉았다. 그때 그 수탉의 길게 이어지던 울음소리는 늘 가슴에 따스한 추억으로 남아 있다.

어둠과 밝음의 경계인 새벽, 새날을 열어주던 닭 울음소리는 이제 박물관의 유물처럼 '고향의 소리' 같은 프로그램에서나 만날까. 평범한 서민들에게 사랑 받으면서도 상서로운 상징 같던 닭은 어느새 욕망의 희생물이 되어 버렸다. 밀실 사육으로 인한 질병과 동물 복지 문제를 고민해야 하는데다 유행처럼 번진 조류인플루엔자 감염으로 해마다 수천만 마리가 생매장 당하는 고통을 겪고 있다.

닭도 나라도 차마 못할 일을 겪는 가운데 어느새 정유년이 왔다. 정유년은 60간지 중 서른네 번째로 붉은 닭의 해다. 예부터 닭은 서쪽을 지키는 방위신이며 상서로운 소식을 가져온다 해 세화로도 많이 그려져 왔다.

노魯나라 애공哀公 때 충신 전요田饒는 간신들 때문에 나라 일을 그르치는 애공을 보다 못해 벼슬을 사직하고 그 자리에 닭을 천거한 데서 계유오덕鷄有五德이란 명구를 남겼다. 머리에 관을 썼으니 문文이요, 다리에 발톱이 날카로우니 무武이며, 적 앞에서는 물러나지 않고 싸우니 용勇이고, 모이를 나눠 먹으니 인仁이며, 밤을 지켜 때를 어기지 않고 알리니 신信을 의미한다. 닭의 생김새에 사람이 갖추어야 할 덕목을 부여한 풍자가 재미있다.

하달홍은 「축계설畜鷄說」에서 닭의 오덕과 더불어 다섯 가지 해로움도 있지만 '알을 품는 모습을 보고 함양하는 이치를 깨닫고 부리를 쪼고 알을 안는데서 변화를 관찰하면서 뜻을 깃들이는 방편으로 삼을 수 있기 때문'에 닭은 기를 만하다고 얘기한다.

올해 유난히 닭의 모습이 화려해졌다. 사람들은 붉은 닭 그림을 걸고 새해 꿈을 얘기한다. 카톡으로 오는 영상카드에도 알록달록 화려하고 아름다운 닭이 새날을 열고 있다.

오덕을 두루 갖춘 닭이 우렁찬 울음으로 다시 한 해를 열었으니 참담했던 일들로 상처받은 마음 잘 추스르고 모두 잃어버린 꿈을, 희망을 품을 수 있음 좋겠다. 아울러 닭의 품성을 닮은 리더가 나타나길 간절히 기원한다. 그럼 잃어버린 잠을 찾을 수 있지 않을까?

서스펜디드 차車는 안 되나요?

메일이 왔다. 35만 원을 자동차 수리비로 지급했다는 내용이다. 고요하던 마음이 또 지글지글 끓어오른다. 휴대폰을 꺼내어 사진첩을 열어본다. 노란 번호판 아래 범퍼가 반짝반짝 윤이 난다. 사진을 확대해 꼼꼼히 살펴봐도 매끈하다 못해 눈이 부시다. 보험회사 서류상 표현에 의하면 차대 차 추돌하여 파손된 차량 뒷모습이다. 난 여전히 납득할 수 없다.

지난 삼사월은 유난히 힘겨웠다. 덕분에 벚꽃 흐드러지게 피던 시간들을 방에서 골골 앓으며 보냈다. 그런 모습이 안타까웠는지 친구가 문의 대청댐 쪽엔 아직 벚꽃 피더라고 바람을 넣었다. 몸도 조금 가벼워진데다 흘려버린 시간도 아쉽고 걱정만 끼쳐드린 친정엄마에게 미안해 때늦은 봄꽃 구경을 나섰다 돌아오는 길.

물류센터로 빠지는 샛길을 놓치는 바람에 신호등 앞에서 정차 중이었다. 어쩌다 브레이크에 올려놓았던 구두 끝이 미끄러지며 살짝 차가 움직였다. 추돌이라기보다는 슬그머니 닿았다는 설명이 맞다. 앞차 운전자는 팔짱 낀 채 얼굴을 마주 보지도 않았다. 옆에 앉으신 엄마조차 무슨 일인지 모를 만큼 추돌 충격도 없었는데 결국 보험회사에 전화를 해야 했다. 사과조차 받지 않는 운전자보다 보험회사 직원 말에 더욱 화가 났다. 입원은 안하신다니 다행이란다. 운전자는 범퍼가 밀렸다고 했다. 흠도 나지 않은 추돌에 중형차 범퍼가 밀렸다면 그런 차를 누가 타겠는가. 뒤에서 추돌한 사람이기에 현장에선 아무 말도 못하고 보험회사에 수습을 부탁했는데 예상을 깨고 수리비가 너무 많이 보상되었다. 차도 본인이 고친다며 현금으로 수령했다는 연락을 받았다. 차간 거리를 넉넉히 확보하지 않고 정차한 내게 책임이 있지만 이건 옳지 않다. 철저한 조사 없이 보험회사 직원끼리 적당히 합의하여 나가는 보상비가 결국은 가입자 모두의 부담으로 돌아오는 걸 알면서도 왜 이런 관행은 계속되는 걸까?

그동안 나 역시 여러 차례 추돌을 당해보았지만 범퍼가 깨지지 않는 한 사과만 받고 헤어졌다. 범퍼 정도는 서로 양해를 해도 괜찮다는 게 내 생각이다. 무엇이든 눈치 보며 모시고 사는 건 딱 질색이기에 차 역시 교통수단일 뿐 그리 연연해하지 않는 편이다. 하지만 피해자로서 쿨하게 보내줄 때와 달리 반대 입장이 될 때마다 홍역을 치르게 되니 은근히 부아가 난다. 내 얼굴을 똑바로 못 보던 그 운전자. 양심에 부끄러웠기 때문이라고 믿고 싶다.

아마 다음에 반대로 택시에 추돌 당한다면 지금까지 그랬듯 가볍게 정리할 수 있을까? 자신 없다. 나는 아직도 노란 번호판이 선명한 그 사진을 지우지 못하고 있으니까.

엊그제 지인이 추돌사고가 있었는데 괜찮은 거 같아 그냥 보내줬다며 웃었다. 보내고 나니 차가 일부분 우그러져 있더란다. 다음에 혹시 그런 일 당하면 한 번은 그냥 보내주라고 말할 걸 그랬다는 이야기를 나누며 운전자들끼리도 요즘 번지는 '서스펜디드 커피' 같은 운동이 있음 좋겠다는 생각을 했다. 한 사람이 자기 것을 사면서, 커피 한잔 사 마실 형편도 안 되는 곤궁한 다른 사람을 위해 추가로 한 잔 값을 미리 지불하고 가는 관습이다. 기부한 사람과 기부 받는 사람 서로 얼굴은 모르지만 커피 한잔이 서로의 마음을 따뜻하게 데워준다. 차도 경미한 추돌시 누군가에게 배려를 받았다면 다른 사람에게 그 배려를 나누어줄 수 있음 좋겠다. 그럼 좀 더 살만한 세상이 되지 않을까. 꽃 몸살 좀 잔잔해지려나 싶었는데 사방으로 붉게 번지는 철쭉과 영산홍에 또 다시 마음이 흔들린다. 하지만 소풍 나가고 싶은 마음은 글쎄.

담담하고 은은하게

사랑이면 족한 것을

비에 젖은 잎들이 곱다. 뜨거운 이별잔치다. 바람에 구르는 나뭇잎도 말을 걸고 낙엽 더미 속 숨어 피는 민들레도 스승이 되는 시간. 풍성한 결실을 남긴 채 한바탕 휘모리장단으로 불사르던 늦가을이 뒷걸음질로 물러나는 이맘때면 어쩌지 못하는 가슴앓이를 한다. 사무치게 그리운 이들의 기억으로 따뜻하면서도 아프고, 연례행사처럼 내가 살아낸 시간들을 돌아보며 내려놓을 것과 갚아야 할 고마움에 대해 생각하게 된다.

올 가을엔 유난히 선물이 많다. 땀 흘리는 수고를 하지 않고도 염치없이 받아 놓은 결실들로 주방은 곳간이 되었다. 호박죽 좋아한다고 챙겨주신 늙은 호박들, 건강을 염려해 무공해라는 꼬리표를 달고 들어온 대추며 감, 고구마, 마늘. 그리고 수많은 약재들. 눈물이 날 거 같다. 감사함과 미안함이 교차한다. 색깔도 모양도 크기도 각각

인 이 사랑들이 나를 지탱하는 힘이리라.

식탁 한구석 며칠째 놓여 있는 잣이 눈에 들어온다. 큰아이가 복무중인 부대 근처를 산책하다 주웠는데 한 줌 가량 된다. 제법 통통한 놈으로 골라 고무망치로 껍질을 톡톡 두들겼다. 힘이 너무 들어갔는지 바싹 부서진다. 하얀 속살을 골라 입에 넣으니 부드러우면서도 달짝지근한 향미가 번진다.

이번엔 작고 길쭉하게 생긴 볼품없는 놈을 골랐다. 생김새로 봐선 쭉정이가 틀림없다. 힘 조절도 안하고 툭 때렸더니 꽉 찬 상아색 알맹이가 껍질과 섞여 으스러졌다. 조심하지 않은 덕에 껍질을 발라내고 먹느라 두 배의 시간이 걸린다. 은근이 기대감이 생긴다. 몇 알 까서 쌍화차에 띄워볼까 개중에 알이 굵은 잣을 골라 살짝 두들긴다. 맙소사. 껍질이 폭삭 내려앉는다. 빈 쭉정이다. 허우대만 멀쩡하고 속은 휑하다. 헛웃음이 난다. 거울에 비친 내 모습을 보는 듯 화끈하다.

며칠 전 읽은 수필집, 글에서 만난 작가의 삶이 주마등처럼 스쳐간다. 충청도 사투리를 맛깔스럽게 구사하는 농부의 일기는 진솔하면서도 따뜻하고 정겨웠다. 맑은 도랑물처럼 졸졸 흐르는 삶 속엔 고단한 농군의 고민도 있지만 세상을 사랑으로 포용하고 살아온 아름다운 무늬들로 가득했다. 알맹이 꽉 찬 삶이 거기 있었다.

문장의 멋을 따지고 편집 디자인을 왈가왈부하는 일이 참으로 헛되다는 생각이 든다. 공부 한답시고 고전古典에 고전苦戰하는 내 삶이 빈껍데기를 닮았다. 삶으로 깊이 녹아들지 못하는 지식은 의미가 없다. 그럴듯한 이론을 내세워 말재주 부려본들 허허로움만 배가 될 뿐이다.

요즘 인문학 열풍이 불면서 지식을 탐하는데 조급증이 있었는지도 모르겠다. 겉무늬만 요란한 지적 유희는 아니었는지 고민이 생긴다.

달마 조사가 서쪽에서 온 까닭이 무엇이냐는 제자 질문에 조주선사는 뜰 앞의 잣나무라 답했다는 이야기가 있다. 뜰 앞 잣나무를 보라는 게 아니라 잣나무를 키워내고 길러낸 진리, 나무를 관통하는 불법을 보란 말이다. 알맹이를 잃어버린 줄도 모르고 잣나무를 아는 척 겉멋에 휘둘리는 삶에 미혹된 건 아닌지 돌아볼 일이다.

껍질을 쓸어 담으며 무늬만이라도 고상한 사람이 되고 싶어 하는 내게 한마디 던져본다.

'그저 사랑이면 족한 것을'

맹자의 '구방심求放心'을 다시 새기며 삶을 추스른다.

'사람이 닭이나 개를 잃어버리면 곧 찾을 줄 아나, 잃어버린 마음은 찾을 줄을 모른다. 학문의 도道는 다른 것이 아니다. 그 잃어버린 마음을 찾는 것뿐이다.' (人有鷄犬方, 卽知求之, 有放心, 而不知求, 學問之道無他, 求基放心而已矣)

읽던 책 덮어두고 잃어버린 마음을 찾아 단풍 구경이나 떠나야겠다.

그래도 남은 잣은 마저 까야 하리.

느린 오후

전화를 끊고 나니 막막하다. 걷고 싶어 여유를 두고 나왔는데 일정이 취소되었단다. 다음 스케줄까지 세 시간 틈이 생겨버렸다.

눈부신 오후. 멍하니 붐비는 교차로를 바라본다. 규칙적으로 바뀌는 신호. 어느 쪽으로도 방향을 틀지 못한 채 주춤거리고 서 있는 자신이 낯설다. 차를 가지고 나왔더라면 다시 집으로 돌아가거나 친구라도 만나러 갈 텐데 세 시간이란 틈은 참으로 애매하다. 늘 그물처럼 시간을 짜놓고 계획대로 움직이는데 익숙한 내게 찾아온 예고 없는 쉼표.

난감함에 휩싸여 그냥 길을 따라 천천히 걷는다. 습기 없는 바람은 청량하나 맵다. 눈시울이 시려올 즈음 낯익은 카페가 눈에 들어온다. 조용한 카페는 햇빛과 그림자가 사이좋게 반씩 차지하고 있다. 빛과 그림자 경계선에 놓인 자리를 고른다. 몸은 그림자 안에 두고 빛을 향해 앉았다. 왼쪽 창으로 들어오는 풍경은 아파트로 둘러싸인 카페 입구와 다른 나라다. 빈 논, 벼 그루터기 중간 중간 작은 얼음 덩어리들에서 햇빛이 튕겨 오른다. 이따금 무리지어 날아가는 새 그림자들이 심심한 들판에 무늬를 그린다. 논이 끝나는 모퉁이 빨간 깃발 꽂힌 집 마당에는 개집이 두 개 나란히 지붕을 맞대고 있다. 파도가 살랑대듯 어른거리는 새 그림자를 쫓느라 누렁이들 앞발은 출발선에서 신호를 기다리는 선수 같다.

하늘을 보렴.

나도 모르게 튀어나온 말을 수습하느라 주위를 두리번거리는데 카페 직원이 다가와 메뉴를 내민다. 드립커피 중 제일 긴 이름, 익숙한 단어 '케냐' 가 끼어 있는 커피를 주문한다.

먼 곳에서 들리듯 클라리넷 화음이 풀려나온다. 모차르트의 클라리넷 협주곡 아다지오. 광대하게 펼쳐진 아프리카의 풍경, 카렌과 데니스의 눈빛이 마주치며 흔들리던 장면이 떠오른다. 그 설렘과 낭만이 빈 논 풍경과 어우러지며 새로운 영상을 그려낸다.

클라리넷 협주곡이 끝날 무렵 커피가 놓여진다. 비스킷 두어 개가 따라왔다. 머리를 수그리고 커피 향을 낚는다. 마시고 싶다. 잔을 들어 입술을 살짝 적시곤 다시 내려놓는다. 심한 위염으로 커피 금지령이 내린지 사흘째다.

커피 한잔 쯤이야 괜찮겠지. 귀가 간질간질하다.

코끝으로 마시는 커피가 식을 무렵 새들은 더 이상 날지 않고 강아지들도 엎드려 존다. 읽다만 책을 꺼내 마저 읽는다.

'내가 누구인지 당신은 좀 궁금해 하겠지만, 나는 정해진 이름을 갖고 있지 않은 그런 사람들 중의 하나다. 내 이름은 당신에게 달려 있다. 그냥 마음에 떠오르는 대로 불러 달라.

당신이 오래전에 있었던 어떤 일에 대해 생각하고 있다면, 예를 들어 누군가 당신에게 어떤 질문을 했는데 당신은 그 대답을 알지 못했다.

그것이 내 이름이다.

어쩌면 아주 비가 세차게 내리고 있었는지도 모른다.

그것이 내 이름이다.(17P)

- 『워터멜론 슈가』에서

선문답 같다. 화자 이름을 무엇이라 불러볼까. 하긴 불교 승려 나가세나는 이름을 두고 '부모님이 붙여준 딱지에 불과하다' 고 했지. '명칭이고 관념이고 습관일 뿐' 이라고. 갑자기 책 앞장에 휘갈겨 써놓은 내 이름이 낯선 기호처럼 느껴진다. 나는 누구일까. 목이 꽉 잠긴다. 셰익스피어 비극의 주인공 리어왕은 재산도 권력도 딸들의 존경과 사랑도 모두 잃고 황야를 떠도는 광인이 된다. 욕망의 끝 상실의 비통함이 '내가 누구인지 말해줄 사람이 누구인가' 피맺힌 절규로 터진다. 욕망을 부르는 세계에서 버려져 바닥에 닿은 뒤에야 비로소 얻은 질문이 그의 이름인지도.

소설은 아름다우면서도 슬프다.

일주일 동안 날마다 다른 빛의 태양이 다른 색깔 워터멜론을 자라게 하는 곳. 즐겁고 평화롭고 목가적인 그러면서도 미묘한 균형이 있는 마을 아이디아뜨. 거실에서도 강물이 흐르는 그 곳을 상상한다. 그런데 환상적인 낙원에 살면서도 사람들은 풀잎조차 없고 새들도 날고자 하지 않는 타락한 지역 '잊혀진 작품들'을 버리지 못한다. 갈등과 배신을 불러오는 '잊혀진 작품'은 무엇을 의미하는 걸까. 소설은 명확하게 읽히지 않는다. 머릿속에서 무언가 불협화음이 일고 있다. 현대 사회에 던지는 묵직한 비판이 배어 있음을 그저 짐작으로 가늠할 뿐.

평화롭던 마음의 균형이 깨진다. 책을 덮는다. 남은 페이지는 새벽 고요한 시간에 읽어 봐야지. 심오한 메시지가 숨어 있는 것 같다. 책을 덮고 나니 황량한 논 위로 구름 그림자가 넓게 드리워지며 어두워진다. 자연과 문명의 경계선에 자리한 카페 안에도 그림자가 길게 누웠다. 음악은 다시 되돌아와 처음과 같은 클라리넷이 흐른다. 싸늘하게 식은 커피 값을 계산하고 나온 거리는 온갖 소음으로 9시 뉴스처럼 복잡하고 어지럽다. 그래도 걸어야 한다. 그게 삶이니까.

완성으로 가는 시간

유리창으로 넘어온 햇살이 거실 가득하다. 어린 행운목이 자라는 키 낮은 옹기 안에도 찰랑찰랑, 오래 묵은 라디오 위에도, 작은 아이가 벗어두고 간 스웨터 보풀 위에도 아득하게 쏟아져 내리며 시월이 천천히 흘러가고 있다.

숨 막히게 무더운 날들 뒤로 스며든 짧은 가을날이 마음을 흔든다. 라디오 볼륨을 높여본다. 우수에 젖은 기타 연주곡들이 흔들리는 마음을 더욱 고동치게 한다. 감기 탓인지 등이 서늘하다.

햇빛 속으로 의자를 끌어다 놓고 병아리처럼 동그마니 앉아본다. 내가 일으킨 미세한 공기의 흐름으로 흰 테이블 위에 있는 무언가에서 반짝 빛이 난다. 흰머리 세 가닥. 아침에 머리를 빗다 눈에 거슬려 뽑아놓은 귀밑머리다. 치우는 걸 깜빡 한 게다. 나이는 못 속인다더니 올여름 부쩍 흰머리가 늘었다. 흰머리 염색을 해야 하나 요즘 고민이다. 자연스레 반백의 세월을 담고 있는 사람을 보면 우아하면서도 아름답다. 잔주름에서 삶의 진솔함이 묻어나는 듯 정겹고 편안하다.

사실 젊고 아름다운 모습을 유지하기 위해 노력하는 모습들을 탓할 수는 없지만 가끔은 쓸쓸한 생각이 든다. 어떤 개성을 가졌는가가 어떤 상품을 구매했느냐와 동일시되는 요즘 거리에 나서보면 각자의 개성을 온몸으로 치장한 똑같은 모습의 사람들이 넘쳐난다. 나이 불문하고 감각적인 이미지로 몸마저 상품화 되어버린 풍경 속에서 자연 그대로 세월의 흔적을 간직한 사람을 만나면 눈이 맑아지는 듯하다. 나도 그렇게 살고 싶어진다.

흰머리를 집어 들고는 유리창에 대고 반백의 내 모습을 상상해본다. 용기가 나지 않는다. 나 역시도 그런 획일적 개성으로부터 자유롭지 못하므로 아마도 어느 순간 미장원에 앉아 흰머리에 물을 들이고 있을 것이다. 여전히 저녁마다 눈가에 주름크림을 바르면서도 또한 그로부터 자유로워지고 싶어 몸살을 앓을 것이다.

눈 뜨면 새 잎이 피고, 새 꽃잎이 열리던 베란다. 그 격렬하고 관능적인 여름으로 뜨겁던 작은 정원에도 가을이 스며들었다. 은방울꽃잎 누렇게 진지 오래고 말랑하던 선인장 가시들이 짙은 갈색으로 단단해지고 있다. 묵은 잎들을 정리하려니 잔치 끝난 뒤처럼 제정신이 들면서 머리가 지끈거린다.

지난 시간을 돌이켜 보면 참 열심히 달려왔다. 스물 네 시간이 내게만 주어진 듯 빼곡하게 살아온 날들이다. 나는 누구인가? 무엇을 위해 사는가? 그런 물음들이 슬펐고 그 답을 구하고 싶어 치열하게 사느라 세상의 빛깔을 제대로 볼 틈도 없었지 싶다.

매 순간 참 많은 것을 놓치고 살았다는 것을 시월이면 깨닫는다. 하지만 세월이 흐를수록 놓쳐버린 것들에 대한 미련도 엷어진다. 그로 인해 마음이 아프지도 않다. 욕심과 아집으로 가려졌던 세상이 비로소 하나씩 제 빛깔을 되찾아가고 있다. 어떤 시인은 마흔과 쉰 사이를 완성의 시간이라고 한다. 친구의 말처럼 삶에 있어 완성이란 언어로만 존재하는 꿈이므로 완성을 향해 가는 시간이라는 말이 더 맞을지도 모르겠다.

내면에서 흘러나오는 목소리에 귀 기울이게 되는 시월은 변화고, 완성을 향해 가는 시간이다. 가을의 변화는 늘 내게 인생의 위기이며 또 다른 시작이기도 하다.

물끄러미

시월이면 늘 옛집이 그립다. 시리게 푸른 하늘을 배경삼아 노을빛 감들이 등처럼 켜지던 뒤뜰. 오래된 감나무 두 그루 마주 선 풍경엔 늘 적막감이 흘렀다. 하지만 가만히 들여다보면 툭 떨어지는 감나무 잎에 집 짓던 무당거미가 출렁 그네를 타기도 하고, 살금살금 오르내리며 감을 탐하던 청설모도 제가 흔든 나뭇가지 소시락대는 소리에 놀라 납작 몸을 숨기는 긴장감이 리듬처럼 흘렀다. 식탁에 앉아 창밖에 펼쳐지는 광경을 지켜보노라면 절로 웃음이 나고 시간의 흐름을 잊곤 했다. 그렇게 가끔 아무 생각 없이 물끄러미 대상을 마주하면 나도 모르는 사이 마음도 여유로워지고 풍경 속에 깃든 생명들을 사랑하게 된다.

사람도 그렇다. 나와 친분 없는 사람이라도 오래 바라보면 순수한 관심이 생기고 아름답게 보인다. 찻집에서 혹은 터미널에서 바삐 오가는 사람들을 물끄러미 건너다보노라면 어찌 그리 제각각 어울리는 얼굴을 가졌는지 신비롭고 경쾌한 걸음에 괜히 기분 좋아지기도 한다. 하지만 요즘은 그런 기억이 별로 없다. 누군가를 물끄러미 오래 바라보는 일.

얼마 전 집안 형님 생신이었는데 식당에서 저녁식사를 했다. 형제들이 모여 왁자지껄 겉도는 이야기들로 웃고 차 한잔 나누고 나면 의무를 다한 사람들처럼 각자 자기 길로 돌아선다. 그리고 한동안 잊는다. 얼굴 마주하고 오래 마음 나눌 여유가 없다. 그렇다고 특별히 할 얘기가 있는 것도 아닌데 일상처럼 그리 만나고 헤어지는 일이 가끔은 쓸쓸하다.

일이 있어 사람을 만나도 마찬가지다. 일은 말로 하고 눈과 손은 스마트폰에 가 있다. 상대방이 어떤 표정으로 말하는지 마주보기보다 수시로 전화를 확인하고 카톡이나 문자에 답을 하느라 바쁘다. 보았으면 바로 답을 하는 것이 예의라니 어쩔 수 없다. 진동으로 해 놓아도 연신 몸을 떨어대는 휴대전화 때문에 대화의 맥이 끊어지기도 여러 번. 중요한 일도 있겠지만 참 불편하다.

그래서 요즘엔 가끔 소리를 끈다. 친구들과 나누던 카톡도 밴드도 모두 조용히 시키고 데이터도 끄고 나면 마음이 편안하다. 하지만 한편으로 궁금하다. 스마트폰 사용 사 개월 만에 꼼짝없이 사로잡혔다. 틈이 생기면 특별히 처리할 일도 없으면서 나도 모르게 스마트폰을 꺼내 이곳 저곳 기웃거린다. 중독이다.

M시인과 산에 오르기로 한 이른 아침. 부러 전화를 두고 나오니 몸이 가볍다. 무엇보다 대화가 끊기지 않아서 좋다. 화장기 없는 민낯을 마주한 채 눈빛에 담긴 마음자리를 가늠하며 웃을 수 있으니 참 좋다. 숨이 차 잠시 쉬어가는 자리. 나도 모르게 주머니를 뒤지다 가만히 손을 뺐다. 이른 시간 연락 올 사람도 없는데 습관처럼 뭔가 불안하다. 괜히 혼자 계면쩍어 스쳐가는 낯선 이들을 바라보려니 눈인사가 먼저 건너온다. 마음이 환해지며 나도 모르게 엷은 웃음으로 목례를 했다.

가까운 비탈에서 딱따구리 나무 쪼는 소리가 경쾌하다. 준비해온 차를 마시며 두런두런 이야기 나누는 사이 박무 걷히며 분주하게 깨어나는 도시를 내려다본다. 익숙하면서도 새롭다.

물끄러미. 나를 둘러싼 세상을 아무 생각 없이 바라보는 일. 그것이 얼마나 나를 행복하게 하는지 진솔하게 만드는지 잊고 살았다. 시월이면 밤새 고여 있던 안개가 감잎을 타고 투둑 툭 툭 흘러내리며 리듬을 만들어내던 옛집. 물끄러미 바라보던 그 시간들이 그립다.

길

제출해야 할 과제들이 밀려 있는데 손에 잡히지 않는다. 마음이 소란스럽다. 뜨거운 물을 찻잔에 따르니 뭉클 피어오르는 감국 내음이 향긋하다. 음반을 올려놓는다. 빠른 비트에서조차 외로움 짙게 묻어나는 목소리가 가슴으로 젖어든다.

…

어디로 가야 하는지 몰라

길 헤매다 문득 뒤를 돌아보면 그 곳엔

언제나 당신이 웃고 있었죠

내 그림자를 안고서

…

– 바비킴

언젠가 신문에서 오랜 무명의 설움을 극복하고 '소울의 대부'로 자리매김한 그네의 인생역정을 읽은 기억 때문일까? 부드러우면서도 애절한 한 소절 한 소절이 고백 같다. 그가 걸어왔을 외로운 길을 상상하며 창밖을 내려다본다.

가을빛에 물든 도시는 눈부시다. 햇볕 따사로운 풍경 안에서 길은 만나고 헤어지며 흐른다. 길을 따라 사람도 흐른다. 길 위에서는 낯선 이가 건네주는 물 한 모금에도 마음이 움직이고, 말 한마디에 허기와 외로움이 풀리며 따스해진다. 그 위로가 희망이 되어 척박한 길 위에 떡잎을 피워 올리고 연약한 줄기를 뻗어 올리게 된다. 길에서는 아무리 남루한 기억도 아름다운 추억이 된다. 그래서 길은 유혹이다.

멀리 숲으로 난 가느다란 길에 눈길이 닿는다. 붓으로 그어놓은 듯 흰빛이 강렬하다. 어수선한 마음 탓일까. 흐르는 길이 아니라 세계를 가르는 경계 같다. 양쪽으로 늘어선 풍경들이 닿을 듯 기울어져 있지만 길은 냉정하고 선명하게 그들을 구분지어 놓는다. 그 골이 너무 깊어 지워지지 않는 상처 같다.

배려한다는 것이 마음과 마음 사이 깊은 골을 그어놓는 경우가 있다. 말은 사람 사이를 이어주는 길이기도 하지만 입 밖으로 나가면 전혀 의도하지 않았던 결과를 불러오기도 한다. 깊은 생각 없이 전한 말이 가까운 이들의 마음을 날카롭게 가르고 지나갔다. 때늦은 후회와 함께 내 안에도 한줄기 깊은 외길이 생겼다.

숲으로부터 풀려나온 길은 가까워질수록 넓어지며 더욱 확고하게 양쪽 풍경을 갈라놓는다. 높고 낮은 건물들로 복잡하게 짜인 무늬들, 굴곡진 지형을 따라 각기 다르게 변화한 모습이 오늘따라 낯설기만 하다. 다가설 수 없는 마음 같다. 나로 인해 생긴 그들의 상처를 지우듯 손끝으로 길 위를 문질러 본다. 하지만 길은 더욱 선명하게 살아나며 꿈틀꿈틀 지평선을 넘어간다. 길은 아쉬우면 되짚어 걸을 수도 있고 잘못 들었을 땐 돌아갈 수 있지만 사람 사이 길은 그렇지 못하다. 뒤돌아볼 수 있으나 그 자리로 돌아갈 수는 없다. 선 자리에서 다시 시작해야 한다. 그러기에 자주 지나온 길을 돌아보아야 하는 지도 모른다.

떠나고 싶다.

외투를 걸치고 집을 나와 무작정 길 위로 나서본다. 안면 있는 이웃들이 건네는 눈인사가 오늘따라 따스하다. 걷는 속도에 따라 길 위 풍경이 파도처럼 출렁거린다. 거리에서는 모르는 사람끼리도 동행이 되어 나란히 신호등 앞에 선다. 길 건너 쇼윈도에 비치는 내 모습을 낯설게 바라본다. 미안함과 실망감으로 가득 차 안개 속에 홀로 선 듯 불안했던 나와 거리 두는 여유가 생김을 느낀다.

초록불이 켜진다. 새로운 길을 향해 다시 걷는다. 천천히 시간이 흐르다보면 사람 사이 그 길에도 초록불 켜지고 미처 살피지 못했던 마음 헤아리는 날 오겠지 싶다.

바람에 우수수 잎이 진다. 잎 지면 청명한 하늘을 배경으로 드러나게 될 나무들의 내밀한 성장이 궁금하고 기대되는 십일월. 예기치 못한 속앓이로 아팠지만 그로인해 또 한 뼘 성숙해졌는지도 모르겠다. 이심전심인가. 어느 상점에서 흘러나오는 노래, 매력적인 음색이 발걸음을 가볍게 한다.

십이월이면

해마다 십이월이면 새 다이어리를 고른다. 잉크냄새 배인 매끈한 첫 페이지를 열고 만년필로 정성껏 이름을 쓴다. 그리고 연간계획표에 가까운 이들의 생일이나 기념일들을 정리한다. 한 사람 한 사람 음력과 양력을 번갈아 찾아가며 메모하다보면 함께 한 기억들이 주마등처럼 스쳐간다. 그 인연들 덕에 또 한 해 별 탈 없이 마무리 하는구나 고맙고 따스하다.

뭉툭한 모서리, 때 묻은 페이지를 넘기며 기억해야 할 것들을 새 다이어리로 옮겨 적으며 지나간 시간을 되짚어본다. 스케줄 표엔 한 해 흐름이 알록달록 그려져 있다. 어떤 달은 보라색 펜으로 또박또박 차분하고 깔끔하게 메모했는가 하면 어떤 달은 푸른색으로 온통 휘갈겨져 있다. 검고 푸르고 붉은 글자들이 뒤죽박죽 섞여있는 달도 있다. 각기 다른 빛깔의 시간들이 말을 건다. 복잡하고 빼곡했던 구월을 경계로 비어 있는 칸들이 많다. 연필로만 희미하게 끄적거렸다 지키지 못해 ×표한 약속들이 줄을 선 날도 여럿 있다. 가슴이 먹먹하다. 몸이 아파 외로웠던 시간들, 조금 적적한 느낌도 없지 않지만 내면의 나와 대면한 흔적이니 한편으론 바람 없는 날의 수면처럼 평온하다.

예전에는 별 생각 없이 남편이나 지인들이 주는 홍보용 다이어리 중 쓰기 편한 것으로 하나 고르곤 했는데 올해엔 느낌이 남다르다. 뭔가 특별한 것을 고르고 싶다. 인터넷 서점을 기웃거리고 문구사 다이어리 코너를 둘러보지만 마음에 드는 게 없다. 하나 만들어볼까 하는 생각이 든다.

어느 아침방송에서 패널들이 자기소개를 하는데 나이를 지하철 몇 호 선 몇 번 출구로 소개하는 것을 보고 한참 웃었던 적이 있다. 그리 표현 하자니 이 달이 지나면 난 선로도 출구도 바뀌는 셈이다. 그런데 0번 출구다. 생소하고 낯설다. 출구 없는 불안한 나이처럼 느껴지기도 하고 모든 출구가 열려있는 변화의 시기로 들리기도 한다.

공자는 비로소 하늘의 뜻을 알았다 하여 지천명知天命이라 일컫는 나이, 기력이 쇠잔해지고 머리가 희어져 쑥과 같아진다 하여 애년艾年이라고도 하는 나이. 하지만 지천명도 애년도 내게는 아직 먼 말 같다.

춘추전국시대 위衛나라 대부 거백옥蘧伯玉은 나이 오십이 되어서야 지난 49년 간 삶이 잘못되었음을 깨달았다 한다. 당시 오십이면 '애년艾年' 어쩌면 인생의 노년이려니 그간 살아온 삶을 통째로 부정하고 내려놓기란 쉽지 않은 때다. 오랜 세월 몸에 배인 습관과 고착된 생각들은 잘못을 인정하기도 고치기도 어렵다. 하지만 그는 허물을 인정하고 미련 없이 변화하는 새 삶을 선택하였다니 참된 군자라 할 만하다. 그래서 오십을 지비知非라고도 한다. 내게도 그런 지혜가 생기는 나이였음 좋겠다는 희망을 품는다. 편견과 아집을 내려놓고 객관적인 시선으로 자신을 인정하고 다독이며 남은 삶을 계획해야하는 나이이기에 출구가 0번인지도 모르겠다. 그런 생각을 하니 알 수 없는 설렘이 인다. 다이어리를 덮고 밖을 내다본다.

단풍이 아름답던 거리는 이제 싸늘하니 냉기가 돈다. 며칠 비 내린 뒤 한층 말간 하늘 속으로 나무 우듬지마다 떨켜들이 눈물처럼 아름답다. 터질 듯 탱글탱글하기도 하고 앳된 소녀 가슴처럼 밋밋하기도 한 흔적들이 빈가지 마디마디 리듬처럼 경쾌하다. 아픈 이별 점마다 싱싱한 생성의 약속을 품고 있기 때문이리라.

때가 되면 스스로 안을 다독이고 잎 꼭지를 밀어내 새 삶을 준비하는 나무들의 지혜가 의미 깊게 다가오는 십이월. 나는 무엇을 갈무리해야 할까. 아직 정리가 되지 않는다. 마치 떨켜를 만들지 못하는 참나무 같다. 겨우내 보내지 못한 마른 잎을 서걱거리며 새 잎 피기를 기다리는 참나무처럼 어느 것 하나 내려놓지도 상처를 추스르지도 못한 채 시간을 맞고 있다.

이제는 펴는 힘이 필요한 십이월이다. 욕심을 천천히 풀어야 할 시간, 비우고 다독여 매듭짓고 새로운 계획을 준비해야 하는 시간 속으로 한 걸음 내딛으며 감사한다. 온몸으로 삶의 지혜를 보여주는 자연에 깃들어 살 수 있음에.

사이를 가불하다

뉴스 끝 윤초閏秒 소식이 올라와 있다. 윤초란 지구 자전주기를 기준으로 정하는 '세계시'와 세슘 원자시계를 기준으로 하는 '세계 협정 시' 사이의 오차를 보완하기 위해 더하거나 빼는 1초다. 오는 7월 1일 실시되는 윤초는 여분의 시간이다. 8시 59분 59초와 9시 0분 0초 사이에 8시 59분 60초가 생긴다. 1972년 윤초제도가 시작된 후로 이번이 스물다섯 번째라는데 마음에 둔 기억이 없다. 그런데 오늘은 특별한 의미로 다가오며 설렌다.

1초라. 1초. 되뇔수록 기분이 좋다. 유리창 밖 세상은 며칠 새 사분사분 내리는 봄비 따라 연두물이 들었다. 찻물 끓는 소리가 규칙적인 리듬을 타는 사이 무심천엔 꽃비가 내린다고 벚꽃 진다고 친구가 보낸 동영상이 마음을 흔든다. 꽃길을 배경으로 환하게 웃는 얼굴에서 명랑한 안부 인사가 흘러나온다. 젖은 풍경 안 분홍 꽃잎이 머리칼로 어깨 위로, 첫 단추 살짝 열어둔 블라우스 목 언저리로 분분히 내려앉는다. 보드라운 떨림이 전해져와 나도 목덜미가 가려워진다. 꽃맞이도 하기 전 지는 꽃 소식을 먼저 받으며 아무것도 추스르지 못한 채 봄 가운데 와 있다는 사실을 깨닫는다. 잊었던 시간의 흐름이 살아난다.

바람을 타기 전 꽃잎이 숨 고르는 이별의 순간. 셔터를 누르는 사이. 사진이 전송되어 오는 사이. 그 사이의 짧은 시간이 위대하게 느껴진다. 그러고 보면 경계와 경계 사이에 윤초가 있다. 윤초는 다른 경계로 건너가는 사이의 기다림이다. 이승에서 저승으로 떠나기 전 들숨이 멈춘 사이이기도 하고, 어둠이 내리기 전 푸른 시간, 새날이 오기 전 여명이기도 하다. 뜨거운 열망을 안은 채 개화를 기다리는 터질 듯한 봉오리의 시간이기도 한 그 사이의 거리, 숨비소리 같은 시간이다.

지금 이 순간. 매화 꽃 향기 찻물을 적시고 풀려나오길 기다리는 사이. 침묵이기도 한 시간. 덤으로 받는 1초가 선물이라는 생각을 한다. 일생의 길이에 비하면 내게 주어진 윤초란 찰나에 불과한지도 모른다. 가는 명주 한 올을 젊은 두 사람이 양쪽 끝을 당기고 단도로 단숨에 명주실을 끊을 때, 명주실 끊어지는 시간이 64찰나라고 한다. 그러니 찰나刹那란 얼마나 짧은 시간인가. 하지만 찰나가 몇 겁의 시간을 지나 인연을 만들 듯 찰나같이 주어진 여분의 윤초가 새삼 깊은 성찰을 하게 한다.

윤초에 대한 사람들의 반응도 재미있다. 군 생활이 1초 늘어났다는 귀여운 푸념부터 하루를 선물 받은 듯 어떻게 쓸까 고민하는 이야기까지. 하지만 공통점은 시간에 대한 깨달음인 듯하다. 인위적으로 만든 일초가 봄을 타느라 느슨해진 이들에게 긴장감을 선물하며 생을 돌아보게 만든다. 눈이 호사스러울수록 마음 줄을 탱탱하게 당기고 미혹한 삶을 경계해야 한다는 메시지인지도 모르겠다. 봄날 아지랑이 같은 세상. 가물가물 흔들리는 세상. 그 경계에서 반듯하게 서 보라는 회초리가 윤초라면 지나친 비약일까?

여전히 부슬부슬 이슬비 내리는 오후. 선배에게 소식을 넣어야겠다.

보고 싶다고. 늦은 봄 길을 걷고 싶다고. 꽃피는 봄날 보자던 약속은 지키지 못했으니 늘어날 윤초를 가불해 지는 꽃구경이나 하자고.

희망사항

선거유세로 떠들썩하던 거리가 조용하다. 교차로 한 쪽엔 당선자들의 감사인사 플래카드가 걸려 있다. 녹색 신호가 켜지자 자동차들이 꼬리를 물고 달린다. 그 바람에 플래카드가 팽팽하게 긴장하며 일어선다. 운전 하며 지나던 나도 덩달아 등을 곧추세운다. 종일 흘러넘치던 목 쉰 소리들. 간절하고 뜨겁게 외치던 그 공약들이 헛말이 되지 않길 모두가 꿈꾸는 사회로 가는 단초가 되길 간절하게 소망한다.

교차로를 지나자마자 휴대전화 벨이 울린다. 잠시 길가에 정차를 한다.

"여-보세요~"

첫 마디부터 저음 사이 날카롭고 낯선 탁음이 목에서 끼어든다. 덕분에 간단한 안부 인사 끝 통화는 짧게 마무리된다. 참 별일이다.

목감기 앓는 중도 아니고 목을 무리하게 사용한 일도 없는데 목소리는 아직도 온전하게 돌아오지 않고 있다. 두세 마디만 이어지면 껄끄러운 불협화음이 끼어든다. 말하는 사람도 듣는 사람도 불편하다. 원인을 알 수 없다.

한 달 전쯤 아침 잠자리에서 일어나 옆 사람을 부르는데 갑자기 소리가 나오지 않았다. 처음엔 그저 목감기인가보다 시간이 흐르길 기다렸다. 병원에서 진료 순서를 기다리느라 지루하게 시간을 허비하기도 지겹고 약 먹는 걸 지독하게 싫어하는지라 때가 되면 돌아오겠지 무덤덤하게 하루를 보냈다. 그런데 다음 날도 목소리는 돌아오지 않았다. 계획에 없던 묵언수행에 들어간 셈이다.

소리가 나오지 않으니 수업 차질은 불가피했다. 대부분 메시지로 사정을 전하고 양해를 구했는데 한 곳 만큼은 어찌할 수 없었다. 학교 특성상 정해진 스케줄을 갑자기 변동하기 어려운 상황이었다. 그런데 이상하게도 걱정이 되지 않았다. 마음 한구석 강의 시간과 맞닥트리면 목소리는 마법처럼 돌아올 거라는 근거 없는 기대와 믿음이 자리했는지도 모른다.

하지만 그 믿음은 강의실에 들어서는 순간 보란 듯이 깨졌다. 인사말 대신 속 깊은 데서 끌어 올린 바람이 모스신호를 보내듯 입술을 떨게 할 뿐. 엎친 데 덮친다고 그날따라 평소 별 문제없던 컴퓨터 음향기기마저 말썽을 부려 준비한 동영상도 소리가 나지 않았다. 참으로 곤혹스러운 순간이었다. 등이 축축하게 젖었다.

'어찌해야하나. 이 난관을 어찌 극복할까'

한순간의 실수로 인해 이 학교에 모인 십대 소녀들은 유쾌하고 활동적인 수업을 좋아한다. 그런데 컴퓨터도 사람도 소리가 나지 않으니 아이들의 수다를 멈추게 할 방법이 없었다.

일단 파워포인트 화면을 띄워놓고는 가만히 서 있었다. 소란스럽던 강의실이 천천히 조용해지기 시작했다. 그리고 잠시 침묵이 흘렀다. 어떤 상황인지 궁금해진 아이들이 하나 둘 나를 주시하면서도 무슨 일이냐고 아무도 소리 내 묻지 않았다. 눈빛과 몸짓 그리고 간단한 칠판 메모로만 진행되는 희한한 수업이 시작되었다. 그런데 예기치 않은 상황에 아이들은 오히려 최고의 집중력을 보여주었다. 평소 티격태격하던 친구들과도 서로 배려하고 도와가며 성실한 결과물을 만들기 위해 애쓰는 모습이 고마웠다. 공처럼 어디로 튈지 모르는 마음들을 끌어당기느라 수많은 말을 풀어놓던 지난 수업이 무색하게 깊이 몰입해 오던 눈빛들을 지금도 잊을 수 없다. 말을 잃은 덕에 두 배로 열린 귀 때문이었는지도 모르겠다. 소통하기 위해 아이들도 나도 정성을 다해 상대에게 집중하고 귀 기울였던 시간은 깊은 신뢰로 돌아왔다. 행복했다.

덕분에 병원에 가려던 마음을 바꾸었다. 말하지 않아도 되는 편리함에 천천히 젖어들어 익숙해지니 깨고 싶지 않았다. 하지만 바람과는 달리 열흘이 지나자 가느다란 모기소리가 앵앵거리고 새어나왔다. 묵언의 평화로움은 사라졌다. 다시 말이 흘러나오기 시작했다.

가끔 말이 넘치면 자동으로 소리 나지 않는 기능이 있으면 좋겠다는 생각을 할 때가 있다. 하지만 하는 일이 그런지라 오늘도 말을 풀다 갈라진 쉿소리가 나고서야 멈추었다. 상대에게 그리고 내 안으로 귀 기울이던 그 열흘의 침묵이 그립다. 그리 고요하게 살고 싶다. 하지만 바람일 뿐. 영원한 희망사항이다. 그럴 수 없다면 목소리 내야 할 때 용기 있게 나서는 말 잘하는 사람이 되었으면 좋겠다.

다시 전화벨이 울린다. 이젠 병원에 가야 할 듯하다.

유쾌한 수다

꽃들이 졌다. 작은 뜰이 쓸쓸하다. 붉고 푸르던 생명들은 빈 마음자리를 다독여주던 뜨거움이었다. 고요해진 뜨락엔 미련처럼 남천이 홀로 붉다. 이제 겨울이다.

꽃처럼 뜨거운 남천을 보고 있으려니 문득 친구 이야기가 떠오른다. 달거리가 끊기더니 틈만 나면 얼굴이 화끈거리고 땀이 비 오듯 한다는 친구. 걱정스런 눈길을 보내면서도 사실 나와는 먼 일처럼 실감나지 않았다.

그런데 요즘엔 조금씩 걱정이 생긴다. 두통이 잦아지고 이유 없는 불안감에 잠을 설친다. 라디오에서 흘러나오는 멜로디에도 눈물이 나며 외로움을 탄다. 평소엔 웃어넘기던 옆사람의 작은 실수에도 섭섭함이 늘었다. 어디에 주차 했는지 떠오르지 않아 당혹스러울 때도 있고, 통화를 하면서도 엉뚱한 이야기로 수다를 떨다 정작 해야 할 말은 잊는 경우가 다반사다. 어제만 해도 뮤지컬을 같이 보기로 한 친구가 그림책을 부탁했는데 현관 앞에 메모지를 붙여 놓고도 까맣게 잊었다.

함께 관람한 뮤지컬이 〈메노포즈Menopause〉다 보니 공연이 끝난 뒤 담소에도 자연스레 폐경기 후에 오는 여러 증상들이 화두로 올랐다. 앞 다투어 풀어놓는 실수담들에 얼굴 가득 발그레 핀 웃음꽃이 어찌나 곱던지. 머지않아 비슷하게 완경의 시간을 맞이할 친구들이 있어 조금은 위로가 된다. '폐경' 또는 '폐경기'라는 뜻을 가진 뮤지컬 〈메노포즈〉는 말 못할 고민거리를 가진 사오십대 여성들의 심정을 유쾌하고 코믹하게 풀어낸 이야기다. 우아하게 늙어가기 위해 투쟁 중인 한물간 연속극 배우, 성공했지만 건망증과 외로움으로 괴로워하는 전문직 여성, 아내로 엄마로만 살아온 전형적인 전업 주부, 채식 주의자를 꿈꾸는 귀농주부. 우연히 백화점에서 만나 검은 레이스 달린 브래지어를 두고 실랑이를 벌이던 그녀들의 공통된 고민은 폐경 이후에 오는 여러 가지 갱년기 증상들이었다.

잠깐 사이 사라져버리는 기억들, 미친 듯이 흘러내리는 땀. 통짜 허리, 늘어진 뱃살, 감출 수 없는 얼굴 주름들은 여성으로서의 정체성을 잃어버리게 만든다. 하지만 '무늬만 여자로 오랫동안 같이 살아온 남편도 더 이상 여성으로 봐주지 않는 상황이라도 나이 먹는다는 현실을 담담히 받아들이고 세상에 당당해지라'고 얘기한다. 절망감으로 맞이했던 폐경과 갱년기의 우울함을 던져버리라고 속삭인다. 희망을 품고 당당하게 미래를 꿈꾸는 그녀들로 뮤지컬의 마지막은 즐거운 카타르시스를 선물한다. 이제 천천히 완경을 향해가는 나이 앞에 서 있는 지금 뮤지컬을 보는 내내 즐거움 너머로 많은 생각들이 일어났다.

사실 거부하고 싶지만 언젠가 맞이해야 하는 폐경은 생각만으로도 우울하다. 폐경을 노화나 여성성 상실로 받아들이는 사회 분위기 탓인지도 모르겠다. 요즘은 '여성에서 엄마로 이어졌던 인생 전반기를 성공적으로 마무리했다'는 의미에서 '완경'(월경을 완성했다)이란 말을 쓰기도 하는데 훨씬 기분 좋게 들린다. '초경'이 여성으로서 출발점이라면, '완경'은 여성으로서 또 다른 삶의 출발점이다.

그러고 보니 엄마를 잊고 살았다. 성인이 된 아이들을 두었으면서도 아쉬우면 엄마를 부르고 괜히 마음 헛헛해지면 엄마를 찾으면서도 여성으로서 엄마의 삶은 깊이 헤아리지 못했다. 엄마는 내게 그냥 엄마였다. 엄마는 그 긴 완경 후의 세월을 어떻게 보내셨을까. 소리 없이 외롭게 삭였을 서러운 시간들. 팔순이 가까워지는 나이에 알록달록 꽃무늬 입는다고 촌스럽다 하면 밝게 보이고 싶어서라고 웃어넘기던 엄마. 예쁜 꽃무늬로 엄마 속옷을 고르며 구시렁거리던 기억들이 떠오른다. 요즘 들어 부쩍 감정기복이 심해진다는 내 투정에 '그 나이 되면 다 그런거'라시던 엄마. 미안하고 아프다.

지혜롭게 나이 들기 위해 준비해야 하는 일이 하나 또 늘었다. 남천처럼 붉은 잎으로 살아내고 싶은 완경 후의 날들을 위해.

비를 긋다

장맛비가 오락가락하니 집안이 눅눅하다. 제습을 해도 잠시뿐이다. 벌써부터 빨래 뽀송하게 마르던 날들이 그립다. 오랜 가뭄에 타들어가는 들녘을 보며 기도하듯 비를 기다리던 게 엊그제인데 사람 마음 참 가볍다. 반가운 비도 '빈익빈 부익부'다. 가뭄 해갈에 역부족인 지역도 있고 집중 호우로 피해 입은 곳 여럿이니 집안에서 느끼는 꿉꿉함은 말을 내기도 민망하다. 그래도 장마 틈새 하루쯤 땡볕이었음 좋겠다.

잠시 비가 긋고 〈아베마리아〉를 듣는다. 우아하면서도 단아한 이네사 갈란테 음색으로 반복되는 〈아베마리아〉는 기도처럼 경건하고 숭고하다. 한낮에 듣는 〈아베마리아〉에는 늘 옥수수 밭 푸른 물결이 함께 흐른다.

지난여름 시외 도서관 강의를 마치고 돌아오던 길, 부러 옛길로 들어섰다. 새로 생긴 자동차전용도로가 있지만 한낮 불비에 자동차들이 내뿜는 열기까지 더해진 아스팔트는 생각만으로도 끔찍했다. 한편으론 마지막 강의를 마친 터라 홀가분하고 잠시지만 옛길 정취를 느끼며 눈호강을 즐기고 싶었다.

마을 지나면 산모퉁이, 산모롱이 감돌아들면 푸른 들, 그리고 낮은 산과 산 사이 유벽한 길. 그리고 다시 마을. 옛길은 익숙한 리듬 같다. 창을 여니 달아오른 한낮의 후끈한 공기가 밀려들었다. 오후 한 시. 옛길은 천천히 쓸쓸해졌다. 지나는 차량도 없고 이따금 후다닥 튀던 고양이도 조용했다. 스치는 마을에도 들에도 인적이 보이지 않았다. 이글거리는 태양 아래 모두가 숨죽인 듯 적막감이 흘렀다. 새 울음조차 들리지 않는 한낮의 그 고요가 조금쯤 불안하고 막막해지며 한가지로 짙어진 녹음마저 멀미가 나려했다.

그런데 뜨거운 고독이 깊어질 무렵 산허리 느리게 돌아드니 시야가 훤히 트이며 너른 옥수수 밭이 펼쳐졌다. 짙푸른 이파리들이 바람에 수런거리며 뿜어내는 건강한 숨결은 저절로 차를 멈추게 만들었다. 청정한 하늘 가운데서 작열하는 태양, 싱싱한 생명이 강렬하게 출렁대는 들판에서 튕겨 오르는 눈부신 빛을 바라보며 시원을 마주한 듯 콧날이 시큰했다. 그 순간 라디오에서 〈아베마리아〉가 흘렀다. 이네사 갈란테. 한낮 뜨거운 땡볕 아래 듣는 그녀의 〈아베마리아〉는 만물을 위한 기도 같고 들녘 생명들에게 보내는 칭송 같았다.

그동안 내게 〈아베마리아〉는 이른 새벽이나 늦은 밤 마음을 다스리며 듣기에 어울리는 기도였다. 그런데 예기치 않은 한낮. 뜨거운 들길에서 만난 〈아베마리아〉는 환희와 정열을 담은 생명의 찬가였다. 만물이 귀하고 위대하게 여겨지며 이런 세상에 나를 놓아주신 조물주에 감사했다.

그 여름날의 감동을 잊을 수 없다. 돌이켜보면 이 세상에 머물다 가는 생명은 모두 위대하다. 수고를 마다않고 최선을 다해 한 생애 살다가는 눈물겨운 존재다. 가뭄 속 땡볕도 태풍도 묵묵히 견디고 상처를 보듬으며 질긴 삶을 이어간다.

가끔씩 삶이 느슨해질 때가 있다. 목소리를 내야 할 자리에서 침묵하거나 현실에 안주하느라 의식과 행동이 물과 기름처럼 겉돌며 자가당착에 빠질 때 한없이 작아지는 내가 버겁다. 그래서 외로워질 때면 이사네 갈란테의 〈아베마리아〉를 듣는다. 아프게 비우고 옥수수 밭 왕일한 생명력을 떠올리며 경건하게 삶과 다시 마주 서기를 한다. 궁색한 변명이요 도피인지도 모르겠다.

검은 구름 틈새로 햇발이 쏟아져 내린다. 생명 에너지 태양이 내려오는 저 빛 길이 야곱의 사다리였으면 좋겠다는 생각을 한다. 가뭄과 폭우로 몸살 앓는 지구촌 절규가 그 빛을 타고 조물주에게 닿았으면, 쓰라린 상흔들을 보듬어 주었으면.

기도하듯 그녀의 〈아베마리아〉를 되감아 듣는다.

침묵의 아름다움

말이 많아졌다.

친구들을 만난 뒤, 이런 저런 모임에 참여한 뒤 지난 시간을 되감기 하다보면 쉼 없이 말을 쏟아내고 있는 나를 발견하게 된다. 어떤 주제로 대화가 오가든 언어의 넌출을 와그르르 잡아당겨 풀어놓고 있다. 당혹스럽기도 하고 슬그머니 부끄러워지기도 한다.

많은 말들을 풀어낸 날은 허전함도 두 배다. 그런 날은 집에 돌아오면 모든 소리들이 침묵을 지키는 듯 적막감이 돈다. 그 잠깐의 침묵이 불안하면서도 여유 있어 좋다. 하지만 사람이 살아가는데 없어서는 안 될 부분이 되어버린 익숙한 소음들이 살아나며 시간의 틈새를 메우기 시작하면 마음은 다시 분주해진다. 소리 속에서 태어나고 소리와 더불어 살다 가는 삶이지만 문명의 이기를 향유하는 대가로 불러들인 잡다한 소음들, 넘치는 말들의 횡포와 무의미에 지칠 때면 침묵의 가치에 대해 생각하게 된다.

다큐멘터리 영화 〈위대한 침묵〉이 오래 가슴에 남는 것도 그 때문인지 모르겠다. 〈위대한 침묵〉은 필립 그로닝 감독이 촬영 신청을 낸지 15년 만에 허가를 받아 봉쇄 수도원인 카르투지오 수도원내 생활을 영상에 담은 영화다. 수도원에서는 촬영을 허락하는데 몇 가지 조건을 내 걸었다. 그중 하나가 자연적인 소리 외에는 어떤 음악이나 인공적인 사운드를 추가하지 말라는 것이다. 런닝타임 내내 배경음악이 빠진 채 그려지는 수도사들의 기도 같은 삶 뒤에는 자연의 소리들만이 배음으로 흐른다.

사그락 사그락 눈 쌓이는 소리, 빗소리, 책장 넘기는 소리, 복도를 걸어가는 발자국 소리, 새소리, 종소리. 도시 소음에 묻혀버린 소리들이 영화 속에서는 제자리를 지키며 싱싱하게 살아 있다. 작은 사물들이 내는 미세한 소리조차도 의미 있는 울림을 만들어 내는 영화는 아름답다 못해 경건하다. 인위적인 소리가 가미되지 않은 자연의 소리들은 잃어버린 절제와 기다림을 얘기한다.

침묵이란 절제와 기다림의 시간이다. 침묵이 아름답게 느껴지는 건 어쩌면 무한대를 향하여 달리는 현대문명, 발전하면 발전할수록 수위가 높아지는 소리들로부터 탈출하고자 하는 생존본능인지도 모른다. 심각한 난청에 직면한 듯 정작 들어야 할 소리들을 잃어가는 현실이 가끔은 두렵다.

수위가 높아지는 소리에는 인간의 소리 역시 빼놓을 수 없다. 경건한 의식이 이루어지는 장소에서도, 강연장에서도, 공공장소에서도 언어들이 와글와글 끓는다. 자신의 안방인양 휴대폰에 대고 언성을 높이기까지 한다. 날 선 소리들은 마음을 긁고 사람 사이로 거칠게 빠져나간다. 공중으로 파편처럼 흩어진 말들은 어디로 가는 것일까? 가끔 의미만 내게 남고 소리만이 상대에게 가 닿는 듯 공허함이 든다. 상대는 그 소리에다 자신의 생각대로 의미를 부여하고 색을 입힐 것이니 애초에 내가 담아 보낸 언어의 의미가 고스란히 전달되길 바란다는 건 불가능한 꿈인지도 모르겠다. 하지만 침묵은 왜곡할 수 없다. 다만 이해하거나 이해하지 못하거나 둘 중 하나일 뿐. 침묵을 오해할 수는 없지 싶다. 그것이 침묵이 가진 아름다움 아닐까.

요즘 새정부 출범을 앞두고 있어 그런지 세상도 말이 많다. 폭포처럼 흘러넘치는 공약들. 어떤 것을 듣고 어떤 것을 버려야하나. 어떤 것에 침묵해야 할까. 그동안 내가 쏟아낸 말들은 모두 어디로 갔을까? 울림이 많지 않은 그 말들은 어떤 의미가 되어 돌아올까?

하루의 빛이 대지의 끝으로 몰려가는 시간. 침묵을 즐기며 기유빅의 시 한 구절을 마음에 새긴다.

'가능한 적은 말을

(…)

그래야 작별의 인사와도 같은 울림이 생기리.'